Fotos: Ute Caspers

In einem abgelegenen Winkel der städtischen Galerie von Dublin ist eine kleine bronzene Skulptur zu sehen (»Impact« von Michael Ayrton, 1974):
Ein Quadrat von ca. 30 cm Breite wird diagonal durch eine dicke dunkel getönte Scheibe geteilt. In der einen Ecke steht aufrecht ein Minotaurus und droht mit seinen Hörnern und Klauen. In der anderen Ecke steht ein Mann in der gleichen drohenden Haltung. Wäre da nicht die trennende Glasscheibe, würden sich die beiden bald in einem heftigen Kampf befinden. Wenn wir diese Szene als Metapher auffassen, kann die Glasscheibe als Sinnbild einer Mediatorin gesehen weden: Sie ist nicht nur in der Mitte aufgestellt und hält die beiden Gegner physisch auseinander; sie ist darüber hinaus gleichzeitig durchsichtig und widerspiegelnd. Sie ist das »Medium«, durch das die eine Seite die andere und zugleich das eigene Spiegelbild sieht: »Wir trafen den Feind, und er war wir.«

Ute Caspers

Christoph Besemer

Mediation

Vermittlung in Konflikten

Stiftung Gewaltfreies Leben

Werkstatt für Gewaltfreie Aktion, Baden

Christoph Besemer
Mediation - Vermittlung in Konflikten

Eine Veröffentlichung der
Stiftung Gewaltfreies Leben (Königsfeld)
und der
Werkstatt für Gewaltfreie Aktion, Baden (Heidelberg - Freiburg)

1. Auflage	Januar 1993
2. Auflage	Januar 1994
3. Auflage	November 1995

Umschlaggestaltung: Johannes Sternstein
Hauptstätter Str. 77a, 70178 Stuttgart
Tel. 0711-6493857

Druck: Druckwerkstatt Kollektiv GmbH, Darmstadt
Feuerbachstr. 1, 64291 Darmstadt-Aarheilgen
Tel. 06151-373986

Bezugsquellen: PAZIFIX - Materialvertrieb
Alberichstr. 9, 76185 Karlsruhe
Tel. 0721-552270, Fax 0721-558622

Stiftung Gewaltfreies Leben
Tannenweg 6, 78126 Königsfeld
Tel./Fax 07725-3464

Autor: Christoph Besemer
Werkstatt für Gewaltfreie Aktion, Baden
Am Dorfbach 11, 79111 Freiburg
Tel. 0761-43284

Preis: DM 12,- / ab 10 Expl. DM 9,-

ISBN 3-930010-02-X

Inhalt

Vorwort zur ersten Auflage 9
Vorwort 10
Vorwort zur dritten Auflage 12

Teil 1: Mediation - Das Wichtigste in Kürze

Was ist "Mediation"? 14
Die wichtigsten Schritte des Mediationsverfahrens 15
Rolle der MediatorInnen 18
Grundlegende Methoden 19
Wann ist Mediation sinnvoll? 20
Wo kann Mediation angewendet werden? 21

Teil 2: Grundlagen

Umgang mit Konflikten 24
- Destruktive Konfliktaustragung
- Konstruktive Konfliktaustragung
- Die Ebenen des Konflikts und seiner Bearbeitung
- Spektrum möglicher Konflikt-Hintergründe
- Möglichkeiten der Einwirkung auf den Konflikt
- Konfliktursachen und mögliche Interventionen
- Vom Kampf der Argumente zum Entwurf neuartiger Lösungen

Acht Prinzipien für die Konfliktlösung 33
Grundgedanken der Mediation 34
- Allgemein
- Das Verfahren
- Grundannahmen des Mediationskonzeptes

Die Rolle der unparteiischen Dritten 38
Mediation und Gewaltfreiheit 39
Abgrenzung zu anderen Konfliktlösungsansätzen 40
- Gerichtsverfahren und Mediation
- Schiedsspruch und Mediation
- Therapie und Mediation
- Beratung/Supervision und Mediation
- Konfliktaustragungs-Möglichkeiten

Teil 3: Mediation in der Praxis

Historische und kulturelle Wurzeln 46
Bisherige Anwendungsbereiche von Mediation 50
Wie erfolgreich ist Mediation? 51

Teil 4: Das Verfahren

Phasen der Mediation 56
Kommunikationsrichtungen während des Mediationsgesprächs 59
Die Vorphase 61
- Kontaktaufnahme und Motivierung
- Muster einer Einladungs-Briefes an KontrahentInnen
- Vorbereitung
- Konfliktberatung

Einleitung des Mediationsgespräches 65
- Gute Atmosphäre schaffen
- Vorstellung
- Bisheriger Stand der Dinge
- Bestätigung bzw. Korrektur und Erwartungen
- Erklärung des Mediationsprozesses
- Offene Fragen
- Bereitschaft bzw. Widerstände
- Geschäftliches und Organisatorisches
- Themensammlung und Tagesordnung
- Beispiel eines Einleitungs-Statements

Sichtweise der einzelnen Konfliktparteien 72
- Sichtweise jeder einzelnen Konfliktpartei
- Rückmeldung
- Gemeinsamkeiten und Differenzen festhalten

Konflikterhellung / Vertiefung 74
- Befragung

Problemlösung / Entwurf von Lösungen.......... 75
- Lösungsmöglichkeiten sammeln
- Bewertung und Auswahl
- Ausarbeitung
- Vier Kriterien für gute Verhandlungsergebnisse

Übereinkunft 81
- Einigung / Übereinkunft formulieren
- Umsetzung, Überwachung und Umgang mit künftigen Problemen
- Unterzeichnung und Abschluß
- Wie sollte eine Übereinkunft formuliert sein?

Umsetzungsphase 83

Aufgaben der MediatorInnen 83
- Gesprächsmoderation
- Klärungshilfe
- Möglichkeiten der "Oberhandsicherung"
- Nichtwertende Problemdefinition
- Gefühle ernst nehmen
- Vorschläge der MediatorInnen
- MediatorInnen sollten
- Was tun bei ... ?

Besondere Probleme 89
Gefühle
Lügen
Machtgefälle

Teil 5: Mediation im politischen Raum

Umgang mit politischen Konflikten 96
Nachteile herkömmlicher Konfliktregelung
Verhandlungen als Grundmodell konsensorientierter Konfliktlösung
Voraussetzungen politischer Mediation
Besonderheiten politischer Mediation 100
Größere Anzahl von Konfliktbeteiligten
Vertraulichkeit?
Stellenwert von persönlichen Beziehungen und Gefühlen
Machtbeziehungen
Unparteilichkeit?

Teil 6: Diskussion

Gefahren 106
Welche Ebene der Konfliktlösung? 107
Kulturelle Unterschiede 108
Neutralität als Prinzip? 109
Mediation durch Mächtigere 111
Mediation oder gewaltfreier Widerstand? 113
Gewaltfreier Widerstand als Voraussetzung für Mediation
Gewaltfrei aktiv und trotzdem MediatorIn?
Vorzüge gewaltfreier MediatorInnen
Widerstands-Mediation

Teil 7: Handwerkszeug

Grundtechniken 116
Ich-Botschaften
Spiegeln
Aktives Zuhören
Aussagen umformulieren
Zusammenfassen
Getrennte Einzelgespräche
Konfliktbearbeitungs-Phase 120
Fragen
Zur Aussage auffordern
Zur Reaktion auffordern
Schweigen
Echo-Antworten
Drastifizierendes Zuhören

Kontrasuggestion
Konkretisieren lassen
Ins-Blaue-hinein-vermuten
Die Botschaft des Körpers ermitteln
Verbale Hinweise aufgreifen
Versprecher
Schlüsselsätze
Symptome
Bildersprache, Analogien und Metaphern
Den direkten Kontakt wiederherstellen
Doppeln
Verständnisüberprüfung
Zuhörübung
Gesprächsdiagnose
Ich-Du-Kernsätze austauschen
Rollenspiele
Kommunikationstheater mit ZuschauerInnen
Standbild
Statuen-Theater

Problemlösungs-Phase 129

"Geschlossene" Fragen
Gemeinsame Problemliste
Trennung von Ursachen und Symptomen
Problemverständnis-Überprüfung
Brainstorming
Kartenabfrage
Plus-Minus-Karten
Helfende und hinderliche Kräfte
Vorweggenommene Auswirkungen
Kriterien-Liste für Lösungen
Rollenverhandeln
Rollenbotschaft
Ein-Text-Verfahren
PMI-Methode, ADI-Methode, EBS, OPV
Beliebiges Wort
Widersprüchliche Wünsche
Zusammenstoß von Wahrnehmungen
Der zentrale Punkt des Konflikts
Sich von hinten vorarbeiten
Veränderung der Umstände
Tabus, Annahmen
Übergangsschritte
Zeit als Maßstab
Vorbehaltsklauseln

Kontaktadressen 136

Literatur 138

Vorwort zur ersten Auflage

Die Arbeit der "Stiftung Gewaltfreies Leben" steht unter den Überschriften
Kreisfähig handeln
Gewaltfrei leben
Weltverantwortung fühlen
Gerade angesichts der aktuellen Geschehnisse in unserem eigenen Land, zum Teil in unserer direkten Umgebung, versuchen wir, den einzelnen anzusprechen, jeden einzelnen zum Nachdenken anzuregen, welchen Beitrag er selbst zum gewaltfreien Leben und Handeln aller leisten kann.

Für die Verwirklichung des Entschlusses, in Konfliktsituationen gewaltfrei zu handeln, sind zu wenig Hilfsmittel verfügbar. Wir freuen uns, daß wir als erste Veröffentlichung in einer größeren Reihe von geplanten Schriften das Buch "Mediation" von Christoph Besemer, entstanden in Zusammenarbeit mit der Werkstatt für Gewaltfreie Aktion, herausgeben können. Es erscheint zum rechten Zeitpunkt. Wir wünschen dieser Arbeit von Christoph Besemer, daß sie möglichst vielen Menschen bekannt und von ihnen in der Praxis angewandt werden wird.

Dezember 1992

Roderich Gräff
Stiftung Gewaltfreies Leben

Vorwort

Flüchtlingsheime brennen, AusländerInnen werden auf offener Straße totgeschlagen, Volksgruppen, die jahrzehntelang zusammenleben konnten, massakrieren sich gegenseitig vor den Augen einer entsetzten Weltöffentlichkeit. Deutschland und Europa im Jahre 1992 bieten ein grausames Bild, ein Bild der Unfähigkeit, mit Konflikten menschlich umzugehen. Dieses Unvermögen zeigt sich schon in unserer nächsten Umgebung: der Kleinkrieg in den Beziehungen und Familien, die Fehden mit der Nachbarschaft, die Brutalität, die sich bereits in den Schulhöfen breitmacht. Menschen, die eigentlich ganz "normal" erscheinen, werden zu Bestien, wenn sie ihre Aggressivität an öffentlich geschürten Feindbildern bzw. den Menschen, die damit gemeint sind, abreagieren können. Welche berechtigten und unberechtigten Gründe sie auch immer dazu treiben mögen: diejenigen machen sich mitschuldig, die Gewalt immer noch als letztes Mittel der Konfliktlösung propagieren und rechtfertigen - wie etwa beim Golf-Krieg 1991!

Wo können die Menschen lernen, konstruktiv mit Aggression und Konflikten umzugehen, wenn die Konfliktunfähigkeit bis tief in die kleinsten Zellen der Gesellschaft hineinreicht? Unsere Regierungen scheuen keine Kosten, sich militärisch zu bewaffnen, gewaltsame Konfliktaustragung einzuüben und Krieg zu finanzieren. Entsprechend finanzierte Programme zur gewaltfreien Konfliktaustragung gibt es dagegen nicht. Dabei gibt es eine Vielzahl von gewaltfreien Konfliktaustragungsmöglichkeiten, die in allen Bereichen menschlichen Zusammenlebens nutzbringend angewendet werden können. Eine davon ist "Mediation", die Vermittlung in Konflikten durch unparteiische Dritte. Das Hinzuziehen von MediatorInnen kann dazu führen, daß selbst emotional hochgeschaukelte Konflikte vernünftig und für alle Beteiligten befriedigend gelöst werden können. Auch in politischen Auseinandersetzungen können durch Mediation unnötige Konfrontationen und Verhärtungen vermieden werden.

Mediation ist in den USA schon seit zwei Jahrzehnten ein gebräuchliches Konfliktlösungs-Verfahren. Zahlreiche Bücher und Aufsätze wurden dort bereits darüber geschrieben. In Deutschland wurde das Konzept der Mediation erst Ende der 80er-Jahre in verschiedenen Fachzirkeln aufgegriffen. Mittlerweile bahnt sich ein "Boom" im Bereich Familien-Mediation an, was sich in zunehmenden Veröffentlichungen zu diesem Thema ausdrückt. Darüber hinaus ist das Konzept noch weitgehend unbekannt. Es gibt zwar einen zunehmenden gesellschaftlichen Bedarf an konstruktiven Konfliktlösungsmethoden, und das Interesse am Thema "Mediation" ist sprunghaft angestiegen. Nur gab es bislang keine umfassende Einführung in das Konzept der Mediation in deutscher Sprache. Diesem Mangel soll hiermit abgeholfen werden.

Das vorliegende Buch wendet sich an "AnfängerInnen" und an "Fortgeschrittene" in Sachen Mediation. Für diejenigen, die erst einmal einen kurzen Überblick über das Thema haben wollen, habe ich "Das Wichtigste in Kürze" in Teil 1 zusammengefaßt. Die weiteren Kapitel geben eine umfassendere Darstellung des Konzeptes und seiner Hintergründe. Dabei sind sie so ausführlich, aber auch so knapp und überschaubar gehalten, daß sich das Buch sowohl als Arbeitshilfe für Seminare als auch als Handbuch für praktizierende MediatorInnen eignet. Eine Ausbildung zur Mediatorin und zum Mediator kann allerdings nicht nur über die Lektüre von Büchern geschehen. Gerade hier ist das Üben in Rollenspielen, der Austausch mit praktizierenden MediatorInnen und das Sammeln eigener Erfahrungen als Co-MediatorIn unersetzlich.

Diese Veröffentlichung kann nur ein erster Schritt sein in der Aufarbeitung und Verbreitung des Mediations-Konzeptes im deutschen Sprachraum. Hilfreich für eine mögliche weitere, überarbeitete Auflage wäre es, wenn LeserInnen mir ihre Erfahrungen mit dem hier vorgelegten Mediationsmodell mitteilen würde. Auch Anregungen und Wünsche, was den Inhalt des Handbuchs angeht, sind willkommen.

Besonders danken möchte ich der "Stiftung Gewaltfreies Leben", die durch ein Stipendium diese Arbeit ermöglicht hat! Für die inhaltliche Beratung und Hilfestellung möchte ich Traude Rebmann Dank sagen, die in unermüdlichem Einsatz das Konzept der Mediation in Deutschland bekannt macht, und all denjenen, die mir wichtige Literatur zum Thema zukommen ließen sowie mit inhaltlichen und stilistischen Verbesserungsvorschlägen zur Seite standen!

Freiburg, im Dezember 1992 Christoph Besemer

Vorwort zur dritten Auflage

Die rege Nachfrage und die positive Aufnahme dieses Buches haben mittlerweile eine dritte Auflage nötig gemacht. Nachdem bereits bei der zweiten Auflage nur kleinere Korrekturen und eine Aktualisierung des Kontaktadressen-Verzeichnisses vorgenommen wurde, beschränkt sich die Überarbeitung auch jetzt wieder auf die Aktualisierung und Ergänzung der Adressenliste. Zwar gibt es eine Fülle neuer Literatur zum Thema, und besonders zum Thema "politische Mediation" ließe sich noch viel ergänzen, aber zu einer solch aufwendigen Überarbeitung fehlt mir die Zeit. Sinnvoller wäre ohnehin eine zusätzliche Veröffentlichung zu diesem Thema, was in der einen oder anderen Weise wohl auch geschehen wird.

Daß dieses Büchlein wieder in der ursprünglichen Form nachgedruckt wird, dafür spricht auch, daß es an den vorhandenen Inhalten wenig zu ändern gibt. Ein Studienaufenthalt in den USA hat mich davon überzeugt, daß das hier vorgestellte Mediations-Modell weitgehend den Intentionen der BegründerInnen und PraktikerInnen entspricht. Natürlich gibt es nicht **das** Mediations-Modell: Überall wird es den jeweils spezifischen Umständen angepaßt, und in der Ausgestaltung wird experimentiert. Trotzdem sind es spezielle Kriterien, die Mediation auszeichnen und wirksam machen. Daß bei der breitgestreuten Anwendung heutzutage manchmal das eine oder andere Kriterium aufgeweicht wird, ist unbestreitbar und wird auch kritisch diskutiert.

Als einzige wichtige Ergänzung möchte ich hier jedoch die unterschiedlichen Ansichten über den Gebrauch von Einzelgesprächen einfügen: Während die meisten MediatorInnen regelmäßig nach dem gemeinsamen Austausch der Sichtweisen in Einzelgespräche gehen, um weitere Hintergründe und Verhandlungsspielräume zu ergründen, lehnen andere Einzelgespräche ab: Sie gäben den MediatorInnen zu viel Macht und entzögen den Konfliktparteien die Kontrolle über das Geschehen. Und unter den BefürworterInnen gibt es welche, die die Inhalte der Einzelgespräche strikt vertraulich behandeln, während andere keine "Geheimnisse" hüten wollen. Vermutlich hängt es von der jeweiligen Konfliktkonstellation ab, ob das eine oder das andere sinnvoll und angebracht ist.

Wir sollten von all diesen Erfahrungen und Diskussionen aus anderen Ländern lernen. Letztendlich aber wird die Mediations-Bewegung in Deutschland ihre eigenen Erfahrungen sammeln und ihre eigenen Modelle entwickeln müssen. Daß dabei nicht manipulative Technik, sondern befreiende und konstruktive Konfliktarbeit herauskommt, dazu soll dieses Buch einen Beitrag leisten.

November 1995 — Christoph Besemer

Teil 1: **Mediation**
Das Wichtigste in Kürze

Was ist "Mediation"?

Mediation ist ein Verfahren der Konfliktlösung, das in den 60er und 70er-Jahren in den USA entwickelt wurde und dort mit Erfolg in vielen Lebensbereichen angewendet wird.

Wörtlich übersetzt bedeutet "mediation" "Vermittlung". Gemeint ist die Vermittlung in Streitfällen durch unparteiische Dritte, die von allen Seiten akzeptiert werden. Die vermittelnden MediatorInnen helfen den Streitenden, eine einvernehmliche Lösung ihrer Probleme zu finden. Aufgabe der MediatorInnen ist es nicht, einen Schiedsspruch oder ein Urteil zu sprechen. Vielmehr liegt es an den Konfliktparteien selbst, eine ihren Interessen optimal entsprechende Problemlösung zu erarbeiten. Alle sollen durch die Übereinkunft "gewinnen".

Diese konstruktive Konfliktlösung wird durch das Mediationsverfahren ermöglicht. Sie kann selbst dann gelingen, wenn die Konfliktparteien in einer offenkundigen Sackgasse stecken und alleine nicht mehr weiterkommen bzw. gar nicht mehr miteinander reden. Die VermittlerInnen hören sich die Anliegen aller Beteiligten an, lassen sie ihre Gefühle ausdrücken und helfen bei der Klärung der eigentlichen Interessen der Konfliktparteien. In zunehmendem Maße stellen sie wieder eine direkte Verbindung zwischen den Streitenden her. Die KontrahentInnen erfahren durch diese Vorgehensweise, welches die eigentlichen Probleme, Gefühle und Interessen der anderen Seite sind. Im geschützten Raum eines solchen Gesprächs können sie Verständnis und neues Vertrauen zueinander entwickeln und schließlich gemeinsam an einer Lösung ihrer Probleme arbeiten. Das Ziel ist eine Vereinbarung, die alle Konfliktparteien unterzeichnen und umsetzen.

Wichtige Merkmale des Mediationsverfahrens sind

- die Anwesenheit der vermittelnden MediatorInnen,
- die Einbeziehung aller Konfliktparteien, die in der Regel auch anwesend sind,
- die informelle, außergerichtliche Ebene,
- die Freiwilligkeit der Teilnahme am Mediationsverfahren und
  die Selbstbestimmung bzgl. der Konfliktlösung: die Entscheidungsbefugnis wird nicht an Dritte abgegeben. Das Verhandlungsergebnis ist nicht bindend, solange nicht alle Beteiligten zugestimmt haben. Es muß also ein Konsens erzielt werden.

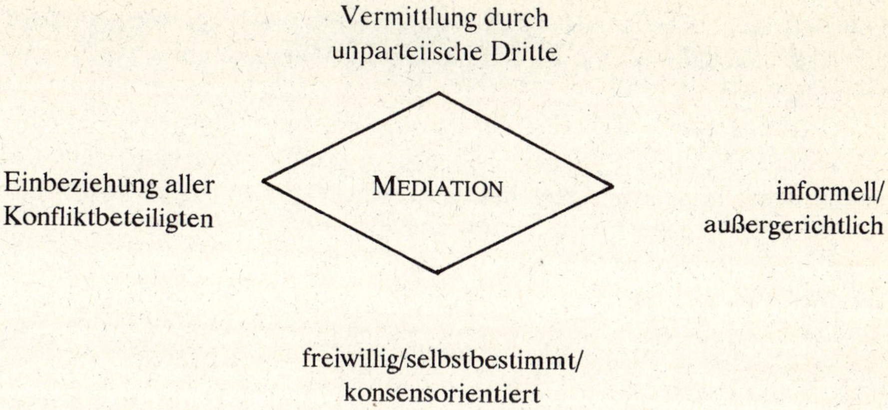

Die wichtigsten Schritte des Mediationsverfahrens

Vorphase Die Konfliktparteien an einen Tisch bekommen
Das Mediationsgespräch 1. Einleitung 2. Sichtweise der einzelnen Konfliktparteien 3. Konflikterhellung: Verborgene Gefühle, Interessen, Hintergründe 4. Problemlösung: Sammeln und Entwickeln von Lösungsmöglichkeiten 5. Übereinkunft
Umsetzungsphase Überprüfung und ggf. Korrektur der Übereinkunft

Vorphase

Am besten ist es, wenn die Konfliktparteien gemeinsam den Wunsch nach einer Mediation äußern und entsprechende Schritte einleiten. Meist ist dies jedoch nicht der Fall, sondern eine der Konfliktparteien ergreift die Initiative. Die MediatorInnen nehmen dann den Kontakt zu den übrigen Konfliktbeteiligten auf und versuchen, sie zu einer Teilnahme am Mediationsgespräch zu bewegen. Es ist auch möglich, daß die Initiative von

Dritten ausgeht oder von den MediatorInnen selbst. Diese sprechen dann alle beteiligten Konfliktparteien an und schlagen den Versuch eines Mediationsgespräches vor.

Voraussetzung für eine erfolgversprechende Mediation ist die Bereitschaft aller Beteiligten, aktiv an dem Gespräch teilzunehmen und nach einer einvernehmlichen Problemlösung zu suchen.

Das Mediationsgespräch

1. Einleitung

Die MediatorInnen sorgen dafür, daß das Gespräch in einer wohltuenden, offenen und vertrauensfördernden Atmosphäre stattfinden kann. Der Gesprächsraum sollte sorgfältig ausgewählt und gestaltet sein, die Sitzordnung eine gleichwertige Kommunikation untereinander ermöglichen und die einleitenden Worte ein Klima des Angenommenseins und des Vertrauens schaffen.

Die GesprächsteilnehmerInnen werden (noch einmal) über den Ablauf, die Rolle der MediatorInnen und die Grundregeln informiert.

Unverzichtbare Grundregeln sind:

- Ausreden lassen!
- Keine Beleidigungen oder Handgreiflichkeiten!
- Die MediatorInnen haben die Verantwortung für den Gang des Gesprächs und greifen ein, wenn es erforderlich ist.

Weitere Regeln können gemeinsam vereinbart werden.

Nach der Erklärung des Mediationsverfahrens werden offene Fragen beantwortet. Schließlich werden alle Beteiligten nach ihrer Bereitschaft gefragt, sich auf die Regeln und das Verfahren einzulassen.

2. Sichtweise der einzelnen Konfliktparteien

Jede Seite hat nun die Gelegenheit, den Konflikt aus ihrer Sicht zu erzählen. Sie bekommt dafür soviel Zeit, wie sie nötig hat, um alles auszusprechen, was dazugehört. Die MediatorInnen hören aktiv zu, stellen gegebenenfalls Fragen und fassen das Gehörte zusammen.

Die anderen KontrahentInnen hören in diesem Stadium nur zu und müssen ihre Erwiderungen auf den Zeitpunkt verschieben, an dem sie selber mit dem Erzählen dran sind. Sie können sich jedoch Notizen machen, um nicht zu "platzen" und ihre Einwände in Erinnerung zu behalten.

3. Konflikterhellung: Verborgene Gefühle, Interessen, Hintergründe

Soweit das noch nicht in der vorangegangenen Phase geschehen ist, sollen nun die mit dem Konflikt verbundenen Gefühle zum Ausdruck gebracht sowie die Interessen und Wünsche herausgearbeitet werden, um die es den Beteiligten eigentlich geht. Alles, was als Hintergrund zum offenen Streit von Bedeutung ist, soll zur Sprache kommen. Die MediatorInnen sind bei der Erhellung des Konfliktes behilflich, indem sie geeignete Fragen stellen und Hilfstechniken einsetzen.

Die Kommunikationsrichtung wird zunehmend auf den Kontakt der KontrahentInnen untereinander verlagert. Kernsätze zum Verständnis einer Konfliktpartei sollen in eigenen Worten von den KontrahentInnen zusammengefaßt werden (Spiegeln). Die MediatorInnen leiten sie dazu an und geben Hilfestellungen.

4. Problemlösung: Sammeln und Entwickeln von Lösungsmöglichkeiten

Wenn durch die vorangegangene Phase ein gegenseitiges Verstehen ermöglicht wurde, können die Streitenden nun gemeinsam überlegen, wie sie ihre Meinungsverschiedenheiten beilegen wollen. Aus dem "Konflikt" wurde ein "Problem", für dessen Lösung alle KontrahentInnen gemeinsam Verantwortung tragen. Mit geeigneten Methoden (z.B. Brainstorming) werden kreative Ideen gesammelt und die interessantesten zu Lösungsvorschlägen ausgearbeitet.

5. Übereinkunft

Die Konfliktparteien einigen sich auf die Lösungsvorschläge, die ihnen am meisten zusagen. Sie regeln alle Fragen, die mit der Überprüfung und eventuell erforderlichen Überarbeitung der Vereinbarung zu tun haben. Das Ganze wird schriftlich festgehalten und von den Beteiligten unterschrieben.

Umsetzungsphase

Nach einer gewissen Zeit nehmen die MediatorInnen und die Konfliktbeteiligten noch einmal Kontakt zueinander auf, um zu klären, ob die Übereinkunft tatsächlich die Probleme gelöst hat. Falls nötig, müssen Korrekturen angebracht werden, oder es muß ganz neu verhandelt werden.

Rolle der MediatorInnen

Mediationen können von einer Person oder von mehreren durchgeführt werden. Eine Mediation durch mehrere Personen ist sinnvoll, wenn es sich um einen komplexen Konflikt mit mehr als zwei Konfliktparteien handelt und längere Mediationssitzungen erforderlich sind. Ein gemischtgeschlechtliches MediatorInnenteam ist vorteilhaft - besonders wenn die Konfliktbeteiligten sich ebenfalls aus Frauen und Männern zusammensetzen. Der Einfachheit halber ist hier meistens von "MediatorInnen" die Rede.

- Die Person des/der MediatorIn muß von allen Konfliktbeteiligten akzeptiert und respektiert werden. Es muß sich um eine Person handeln, die das Vertrauen der Streitparteien genießt bzw. sich erwirbt und deren Kompetenz nicht bestritten wird.

- Die MediatorInnen sollen kein eigenes Interesse an einem bestimmten Konfliktausgang haben. Sie sollen in diesem Sinne neutral und unparteilich sein.
  Sie setzen sich aber für die Interessen und Belange aller Konfliktparteien ein. In diesem Sinne sind sie "allparteilich".

- Die Unparteilichkeit braucht die Verbundenheit mit einer der Konfliktparteien nicht auszuschließen. Diese Verbundenheit darf allerdings nicht soweit gehen, daß die MediatorInnen das Gespräch in ihrem politischen Sinne steuern und das Vertrauen der KontrahentInnen verlieren.

- Die MediatorInnen bewerten oder urteilen nicht. Sie nehmen alle Standpunkte, Interessen und Gefühle ernst.

- Die MediatorInnen sind für den Gang des Mediationsgesprächs verantwortlich, die KontrahentInnen für den Inhalt. Die Lösungen werden nicht von den MediatorInnen, sondern von den Betroffenen erarbeitet. Eigene Ideen können von den MediatorInnen als eine unter mehreren Möglichkeiten ins Spiel gebracht werden.

- Die MediatorInnen helfen den Beteiligten, sich über ihre Gefühle und Interessen klar zu werden und sie verständlich zum Ausdruck zu bringen.

- Die MediatorInnen sorgen dafür, daß Machtungleichgewichte ausgeglichen werden bzw. beim Mediationsprozeß nicht zum Tragen kommen.

- Die MediatorInnen gehen mit dem Gehörten vertraulich um. Insbesondere stehen sie nach einem Scheitern der Mediation keiner der Konfliktparteien als AnwältInnen zur Verfügung.
  Auch sollten sie nicht als ZeugInnen oder GutachterInnen in einem anschließenden Rechtsstreit benannt werden.

- Die MediatorInnen achten darauf, daß keine unrealisierbaren, nutzlosen Vereinbarungen getroffen werden.

- Die MediatorInnen können das Gespräch von sich aus abbrechen, wenn keine vernünftige und/oder ethisch verantwortbare Lösung gefunden wird.

Grundlegende Methoden

Den MediatorInnen stehen eine Vielzahl an Methoden zur Verfügung, um den Prozeß der Konfliktbearbeitung und Problemlösung voranzubringen. Die wichtigsten sind:

Aktives Zuhören

Zuhören mit dem Ziel, die Sicht der anderen Person voll und ganz zu verstehen. Verstehen heißt jedoch nicht, die Sichtweise der anderen Person zu übernehmen.

Wenn sich ein Mensch ganz aussprechen darf und verstanden fühlt, ist er auch eher bereit, andere anzuhören und Verständnis für sie aufzubringen. Um zu überprüfen, ob man den oder die andere richtig verstanden hat, gibt man von Zeit zu Zeit in eigenen Worten wieder, was man gehört hat und fragt nach, ob es richtig zusammengefaßt wurde (**Spiegeln**).

Auf diese Weise kann man der erzählenden Person deutlich machen, daß ihr tatsächlich zugehört wird. An entscheidenden Stellen werden auch die KontrahentInnen aufgefordert, sich gegenseitig zu spiegeln. Sie werden dadurch veranlaßt, genau zuzuhören und das Wesentliche des Gesagten zu erfassen.

Ich-Botschaften

Die KontrahentInnen werden angeleitet, von ihren eigenen Erfahrungen und Gefühlen zu reden und sich nicht hinter Allgemeinplätzen zu verstecken oder in Beleidigungen und Beschuldigungen der Gegenseite auszuweichen. Dabei sollen sie klar benennen, um was es konkret geht (ging) und was für Gefühle das bei ihnen auslöst (ausgelöst hat).

Einzelgespräche

In schwierigen Situationen können die MediatorInnen Einzelgespräche mit den Konfliktparteien einschieben. Dort können die aufgetauchten Probleme ohne den Druck, daß die "Gegenseite" mithört, geklärt werden. Auch können die KontrahentInnen auf diesem Weg den MediatorInnen Vorschläge mitteilen, die sie vor der Gegenseite nicht offen aussprechen wollen.

Brainstorming

Kreative Ideensammlung, bei der alle Vorschläge unzensiert aufgelistet werden und die brauchbarsten zur Weiterarbeit verwendet werden.

Wann ist Mediation sinnvoll?

Mediation ist ein Verfahren der gewaltfreien Konfliktlösung unter anderen. Sie ersetzt die anderen Formen der Konfliktaustragung nicht, sondern ergänzt sie. Mediation ist sinnvoll, wenn folgende Voraussetzungen gegeben sind:

- Der Konflikt kann nicht oder nur schlecht in direkten Gesprächen bzw. Verhandlungen gelöst werden.
- Die Konfliktaustragung befindet sich in einer Sackgasse.
- Die Streitenden haben ein Interesse an guten zukünftigen Beziehungen zueinander.
- Eine einvernehmliche Konfliktlösung wird von allen Beteiligten angestrebt.
- Die wichtigsten Konfliktparteien, wenn nicht alle, sind vertreten.
- Es geht nicht um grundsätzliche Wertorientierungen, um grundlegende Rechte oder um bloße Ja/Nein-Entscheidungen.
- Es gibt keine gravierenden Machtunterschiede. Falls doch, müssen entweder die Schwächeren ihre eigene Machtposition verbessern (z.B. durch das Entwickeln von guten Alternativen zum Verhandeln, das Suchen von Verbündeten oder durch gewaltfreien Widerstand), oder die Stärkeren müssen bereit sein, im Rahmen der Mediation auf ihre Machtposition zu verzichten.
- Es bleibt genügend Zeit, um eine einvernehmliche Konfliktlösung zu erarbeiten.
- Die KontrahentInnen verfügen über ein Mindestmaß an Ausdrucksvermögen und Selbstbehauptungsfähigkeit. Sie haben keine ausgeprägte psychische Krankheit oder Behinderung, keine starke Sucht und werden nicht mißbraucht oder gewaltsam unterdrückt.

Wo kann Mediation angewendet werden?

Mediation ist sowohl in persönlichen Streitfällen als auch in Gruppenkonflikten und in politischen Konflikten anwendbar.

Weite Verbreitung hat das Mediationsverfahren bei der Regelung von Ehekonflikten und Scheidungsangelegenheiten gefunden. Auch zur Bereinigung von Nachbarschaftsstreitigkeiten und Mietkonflikten wird Mediation angewendet. Mediationsähnliche Verfahren werden bei Konflikten am Arbeitsplatz und bei Arbeitskämpfen eingesetzt. Im juristischen Bereich gibt es Modellversuche, bei denen Täter und Opfer zu Gesprächen zusammengeführt werden, um den Straftätern eine Einsicht in das von ihnen begangene Unrecht zu vermitteln und ihnen statt einer Gefängnisstrafe eine Entschädigungsleistung für das Opfer aufzuerlegen.

Im politischen Bereich werden vor allem Umweltkonflikte durch Mediation zwischen BürgerInneninitiativen, Wirtschaft und Verwaltung lösungsorientiert angegangen. Dabei handelte es sich bisher z. B. um die Ansiedlung von Industriebetrieben, Straßenbauvorhaben, Müllentsorgung usw. In größeren sozialen Konflikten und im internationalen Bereich gab es schon einige erfolgreiche Beispiele politischer Mediation (Sudanesischer Bürgerkrieg 1972, Camp-David-Abkommen 1978, Miskito-Konflikt in Nicaragua 1988-89).

Die Anwendungsbereiche von Mediation gehen über die genannten Beispiele hinaus. Zudem findet das Mediationsverfahren in immer neuen Konfliktfeldern Eingang.

Teil 2: **Grundlagen**

Umgang mit Konflikten

Konflikte werden meist als störend, bedrohlich, destruktiv und schmerzvoll erlebt. Dementsprechend versuchen die meisten Menschen, Konflikten auszuweichen. Wenn das nicht möglich ist und der Konflikt ausgetragen werden muß, eskaliert der Streit oftmals in persönliche Beschimpfungen und/oder in einen aufreibenden Machtkampf. Ein solcher Streit bestätigt und verfestigt die bisherige negative Einstellung gegenüber Konflikten.

Auf der anderen Seite leuchtet es fast allen Menschen ein, daß es immer Konflikte geben wird. Eine Welt ohne Konflikte ist eine weltfremde Utopie - und noch nicht einmal eine angenehme: sie gliche wohl mehr einem Friedhofs-Frieden als einem "himmlischen" Frieden!

Deshalb sollten Konflikte in einer anderen, angemesseneren Art und Weise betrachtet werden: Konflikte sind ein wichtiges Signal dafür, daß etwas nicht (mehr) stimmt und verändert werden muß, eine Chance zur Entwicklung und zur Verbesserung der gegenseitigen Beziehungen. Ob diese Chance genutzt wird, hängt davon ab, wie der Konflikt angegangen wird.

Destruktive Konfliktaustragung

Oft artet eine Meinungsverschiedenheit in einen persönlichen Konflikt aus. Die unterschiedliche Sichtweisen zu bestimmten Problemen werden in Vorwürfe gegen die andere Person und Rückschlüsse auf ihren Charakter, ihre Absichten und ihre Motive umgemünzt. Anstatt das gemeinsame Problem anzugehen, sieht man die andere Person als das Problem an.

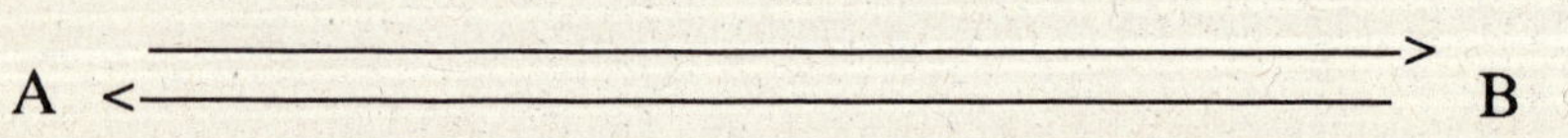

Die andere Person wird als das Problem angesehen.

In den meisten Konflikten verschieben sich die Streitinhalte, wenn sich der Konflikt intensiviert. Anfangs ging es um ein einzelnes Problem, mit der Zeit tauchen aber neue und andersartige Probleme auf. Das "Gespräch" über die Probleme wird zunehmend unspezifischer und allgemeiner. Die Probleme wuchern aus und hinterlassen ein Gefühl der Verwirrung und Unlösbarkeit. Schließlich wird auch die Kommunikation immer indirekter und ungenauer. Die Streitenden haben weniger Kontakt untereinander und mehr mit Menschen, die mit ihnen übereinstimmen. Der zunehmenden Intensität und emotionalen Verwicklung entspricht die abnehmende Fähigkeit, zuzuhören und zu kommunizieren. Befriedigende Ergebnisse werden so kaum erreicht. Oft endet der Streit in einer Sackgasse, aus dem die Konfliktparteien alleine nicht mehr herauskommen.

Konstruktive Konfliktaustragung

Konflikte konstruktiv auszutragen, bedeutet, eine Lösung für das Problem zu suchen, ohne die Person des Gegenübers anzugreifen. Alle Konfliktbeteiligten übernehmen gemeinsam Verantwortung für das Problem und suchen Seite an Seite nach einer Lösung. (1)

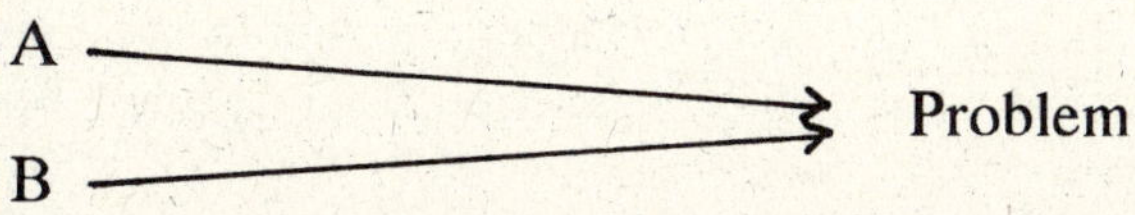

Das Problem wird erkannt und gemeinsam gelöst.

Genauso wie zwischen Mensch und Problem unterschieden wird, gilt es, zwischen Position und Interesse zu unterscheiden. (2) Positionen, das heißt, die festgefügten Vorstellungen davon, wie ein Problem gelöst werden sollte, sind oft nicht miteinander vereinbar. Eine einvernehmliche Problemlösung scheint deshalb nicht möglich. Doch die zugrundeliegenden Interessen - und auf die kommt es letztendlich an - können meist auf verschiedene Weise befriedigt werden. Wenn die Interessen offengelegt werden, wird es oft möglich, Lösungen zu finden, die im allseitigen Interesse sind.

<u>Das Orangen-Beispiel</u>

Zwei Schwestern streiten sich über eine Orange, die sie beide haben wollen. Schließlich kommen sie überein, die Frucht zu halbieren. Die eine nimmt nun ihre Hälfte, ißt das Fruchtfleisch und wirft die Schale weg. Die andere wirft stattdessen das Innere weg und benutzt die Schale, weil sie damit einen Kuchen backen will.

---

1) Bis hierher weitgehend nach John Paul Lederach, Understanding Conflict: The Experience, Structure and Dynamics of Conflict, in: Mediation Training Institute, Conflict Transformation: A vision and skills for peacemaking and conflict resolution in our daily lives (Mediation Training Manual), Mennonite Conciliation Service, Akron, PA (USA) 1988, S. A-2 bis A-4).

2) Vgl. Roger Fisher & William Ury, Das Harvard-Modell. Sachgerecht verhandeln - erfolgreich verhandeln, Frankfurt a.M. - New York 1984.

Wie das Beispiel zeigt, könnten selbst unterschiedliche Interessen sehr gut zu einer optimalen einvernehmlichen Lösung zusammengeführt werden, wenn man Positionen ("Ich will die Orange.") auf Interessen hin ("Ich will das Fruchtfleisch essen." - "Ich will die Schale zum Backen.") untersuchen und erst dann entscheiden würde.

Der Prozeß der konstruktiven Konfliktlösung führt auf **beiden** Seiten zu Zufriedenheit und verbessert oft die Beziehung zueinander.

Die Ebenen des Konflikts und seiner Bearbeitung

Die Suche nach zugrundeliegenden Interessen und Problemen kann natürlich auch zu der Erkenntnis führen, daß der offenkundige Konflikt gar nicht der ausschlaggebende ist, sondern nur "das Faß zum Überlaufen brachte". Eine befriedigende Lösung des offenkundigen Streits ist dann nur möglich, wenn auch die Hintergrundkonflikte angesprochen werden. Diese können z.B. auf Störungen auf der Persönlichkeits- und Beziehungsebene beruhen.

Wenn eine Veränderung dieser Probleme aufgrund der Einsicht im Gespräch nicht möglich ist, sondern ein weiteres In-die Tiefe-gehen erfordert, werden die Grenzen zur Therapie überschritten. Während beim "sachgerechten Verhandeln" (3) Positionen und Interessen behandelt werden, sind Persönlichkeits- und Beziehungsprobleme und ihre tieferen Ursachen das Feld der Therapie.

Je nach Art der Konflikte und Vorgehensweise der MediatorInnen entspricht Mediation eher dem sachgerechten Verhandeln oder geht ein Stück weit auch auf Persönlichkeits- und Beziehungsprobleme ein - jedoch nicht als Selbstzweck, sondern immer auf das Ziel gerichtet, die offenkundigen Probleme zu lösen.

Da die Probleme auf den verschiedenen Ebenen meist zusammenhängen und sich gegenseitig beeinflussen, läßt sich keine klare Trennlinie zwischen rein sachlicher Problemlösung und Arbeit an der Person ziehen. Mediation ist keine Therapie, kann aber therapeutische Effekte haben.

---

3) Vgl. ebd.

Ebenen des Konflikts und der Konfliktbearbeitung

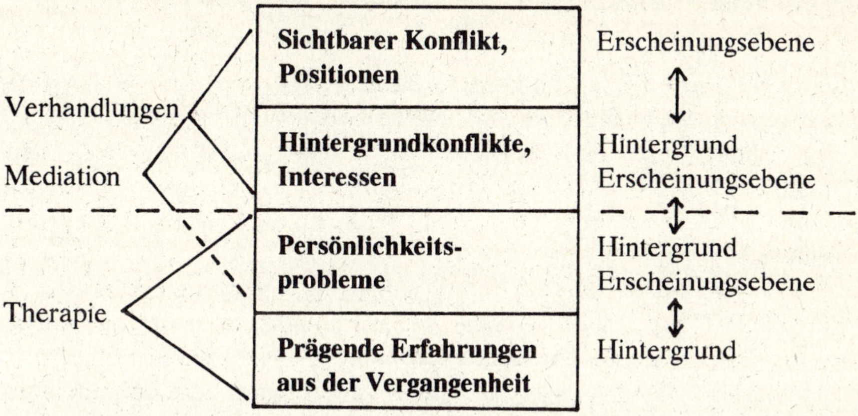

Ein Beispiel für die verschiedenen Ebenen:

- Eine Frau beklagt sich darüber, daß ihr Mann meistens ihre "kleinen" Bitten nicht erfüllt, z. B. die Reparatur eines wackligen Tisches. Er sagt zwar, daß er es richten würde, tut's dann aber trotzdem nicht. (Sichtbarer Konflikt).
- Der eigentliche Grund, warum er es nicht tut, liegt darin, daß ihn selber der wackelnde Tisch nicht stört, er überhaupt nicht einsieht, warum der Tisch repariert werden sollte. Er sagt dies aber nicht. (Hintergrund/Interesse)
- Der Grund, warum er es nicht sagt, liegt darin, daß er es immer allen Leuten recht machen will. Der Satz "Dazu habe ich keine Lust!" gibt es in seinem Leben nicht. (Persönlichkeitsproblem)
- Dieses Stehen zu den eigenen Bedürfnissen wurde ihm schon als Kind ausgetrieben: Da hieß es dann: "Das hat nichts damit zu tun, das macht du jetzt!" (Prägende Erfahrung aus der Vergangenheit) (4)

Spektrum möglicher Konflikt-Hintergründe

Nachdem wir zwischen den an der Oberfläche sichtbaren und den verborgenen Hintergrundkonflikten unterschieden haben, soll nun das Spektrum möglicher Hintergründe weiter ausgeleuchtet und ausgeweitet werden. Dabei geht es vor allem um die unmittelbaren Hintergründe für den

---

4) Nach einem Fallbeispiel aus: Christoph Thomann & Friedemann Schulz von Thun, Klärungshilfe. Handbuch für Therapeuten, Gesprächshelfer und Moderatoren in schwierigen Gesprächen, Reinbek 1988, S. 204ff.

offenkundigen Streit und weniger um die tieferliegenden Persönlichkeitsprobleme, die eher durch Therapie als durch Mediation anzugehen sind.

Hinter einen Sachkonflikt können verschiedene Interessen bzw. Bedürfnisse stehen, die im Prinzip miteinander vereinbar sind. (Vgl. das Orangen-Beispiel)

In einem anderen Zusammenhang, etwa einer Wohn- oder Lebensgemeinschaft, können dahinter verletzte Gefühle bzw. "emotionale Interessen" zu finden sein (z.B. der Wunsch nach Anerkennung und Bestätigung).

Ferner könnten im Hintergrund gestörte Beziehungen zueinander (z.B. patriarchales Macht- und Abhängigkeitsverhältnis) oder intrapersonale Probleme (z.B. Gehemmtheit, "Ordnungsfimmel", Ängste) zu finden sein.

Unterschiedliche Werte (z.B. Freiheit vs. Ordnung) führen oft ebenfalls zu Konflikten.

Häufig liegen einem Streit auch nur Mißverständnisse, also Kommunikationsprobleme, zugrunde, oder es fehlten einfach wichtige Informationen, die wiederum die Sichtweise des Konfliktes beeinflussen.

Schließlich können auch strukturelle Bedingungen wie zu große räumliche Nähe oder Distanz, Umweltfaktoren, wirtschaftliche Ungerechtigkeit oder politische Unterdrückung einem aktuellen Konflikt zugrundeliegen.

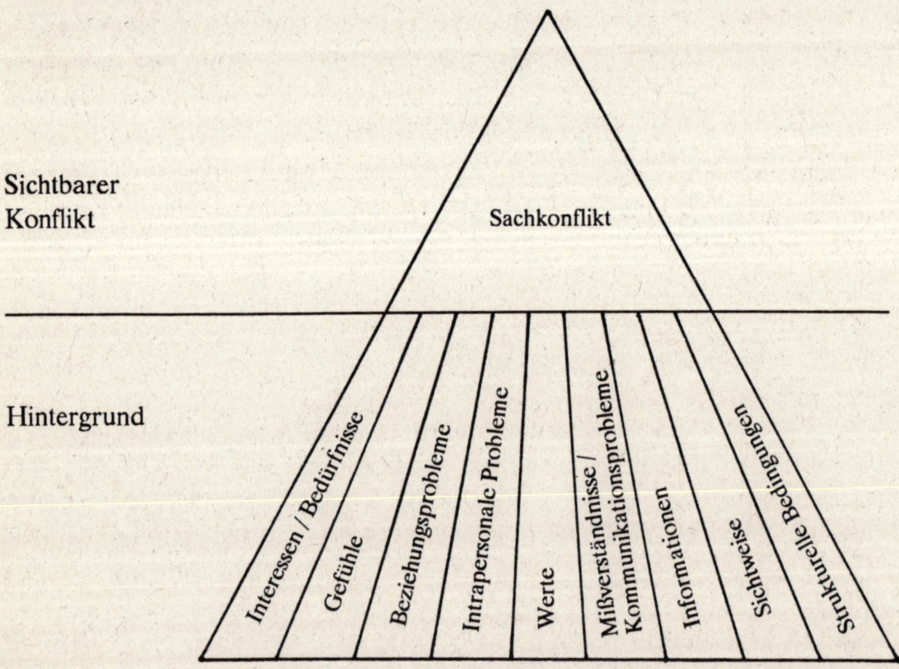

Die Liste der Hintergrundprobleme ließe sich sicherlich noch erweitern. Doch die wichtigsten sollen genügen.

Viele Konfliktursachen überschneiden sich, so daß eine gewisse Doppelung eintritt (z.B. Gefühle - emotionale Interessen; Intrapersonale Probleme - Werte - Sichtweise). Die Einteilung *Sachproblem = aktueller Konflikt; andere, z.B. emotionale Probleme = Hintergrundkonflikte* läßt sich nicht verallgemeinern. Ebensowenig die Umkehrung *Emotionales Problem = aktueller Konflikt; Sachproblem u.a. = Hintergrundkonflikt*, obwohl das bei eskalierten Auseinandersetzungen auch der Fall sein mag.

Im Prinzip kann jeder Problembereich als aktueller Konflikt in den Vordergrund treten. Die anderen Bereiche rücken dann automatisch in den Kreis der potentiellen Hintergrundkonflikte.

Die "Pyramide" der Hintergrundkonflikte könnte also auch als eine "Drehscheibe" dargestellt werden, deren oberster Abschnitt den jeweils aktuellen Konflikt markiert.

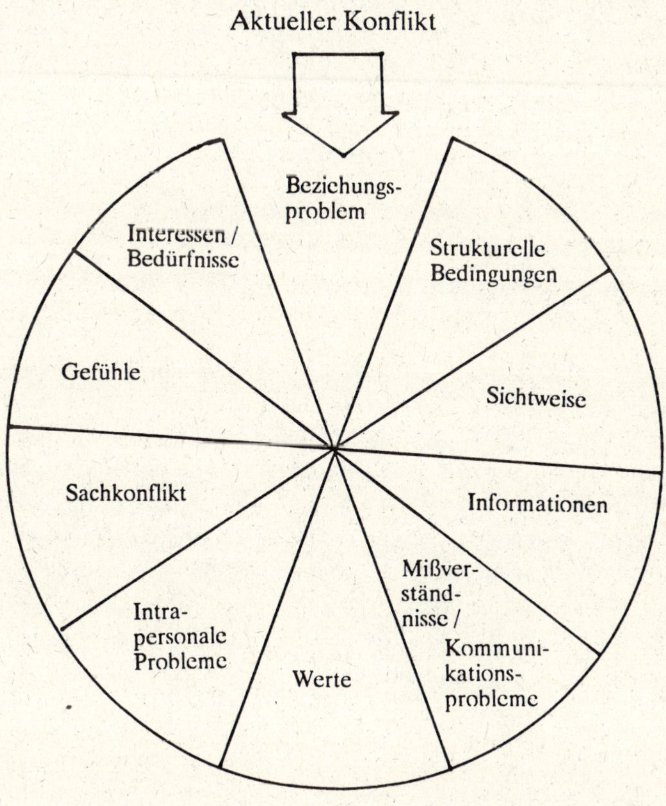

Möglichkeiten der Einwirkung auf den Konflikt

Die verschiedenen Hintergrundprobleme hängen meist miteinander zusammen und beeinflussen sich gegenseitig. So können Mißverständnisse negative Gefühle erzeugen, die Beziehung stören, Sachkonflikte produzieren usw. Der sichtbare Ausgangskonflikt ist insofern oft "beliebig", es hätte auch an einer anderen Stelle zum Konflikt kommen können. Er ist aber insofern nicht "beliebig" und daher ernstzunehmen, als er das aktuelle, vordringliche Problem ist, für das eine Lösung gefunden werden muß.

Die gegenseitige Beeinflussung und Abhängigkeit der Konfliktfaktoren - oftmals als "Teufelskreis" erlebt -, beinhaltet jedoch auch die Chance, durch die Veränderung eines Faktors oder mehrerer auch die anderen Probleme positiv zu beeinflussen. Aus dem "Teufelskreis" kann ein "Engelskreis" werden.

Christopher Mitchell (5) geht von einem etwas anderen Konflikt-Modell aus, kommt aber ebenfalls zu dem Schluß, daß die Veränderung einer oder zweier Komponenten Auswirkungen auf das Gesamtsystem hat. Der Konflikt läßt sich nach seiner Auffassung lösen, wenn auf der Verhaltensebene, auf der Wahrnehmungsebene oder auf beiden eine Veränderung bewirkt werden kann:

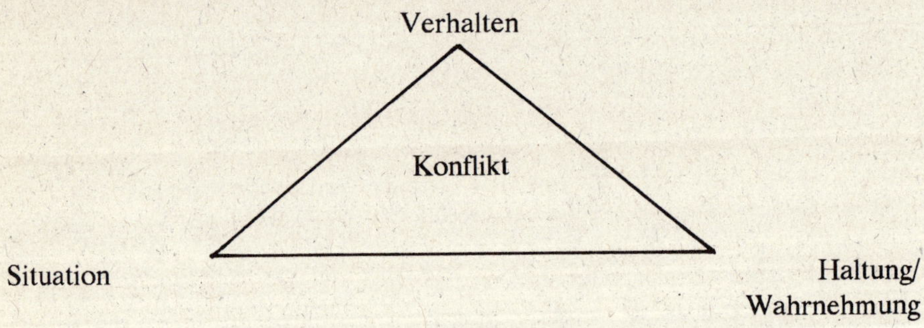

Das oben dargestellte Modell der Konfliktursachen als "Pyramide" bzw. "Drehscheibe" bietet ebenfalls verschiedene Ansatzpunkte für eine positive Einwirkung auf das "Konflikt-Gleichgewicht". Allerdings wird dieses "Gleichgewicht" eventuell durch eine größere Zahl von Faktoren aufrechterhalten, so daß ein "Umkippen" möglicherweise erst nach einer Reihe von Veränderungen erreicht werden kann. Einige der Einwirkungsmöglichkeiten auf die verschiedenen Faktoren sind in der folgenden Übersicht zusammengestellt.

---

5) Vgl. Christopher R. Mitchell, The Structure of International Conflict, London 1981.

Konfliktursachen und mögliche Interventionen

Mögliche Interventionen bzgl. Sachverhalte

- Erreichen Sie Übereinstimmung darüber, welche Daten wichtig sind!
- Einigen Sie sich auf ein Vorgehen zur Informations-Gewinnung!
- Entwickeln Sie gemeinsame Kriterien zur Bewertung der Daten!
- Ziehen Sie unabhängige Experten hinzu, um eine Meinung von außerhalb zu hören oder einen toten Punkt zu überwinden!

Mögliche Interventionen bzgl. Interessen

- Richten Sie den Brennpunkt auf Interessen, nicht auf Positionen!
- Suchen Sie nach objektiven Kriterien!
- Entwickeln Sie umfassende Lösungen, die den Bedürfnissen aller Parteien entgegenkommen!
- Suchen Sie nach Wegen, die Optionen und Ressourcen zu erweitern!
- Handeln Sie Tauschgeschäfte aus, um Interessen unterschiedlicher Stärke zu befriedigen!

Sachverhalts-Konflikte
sind verursacht durch

- Mangel an Information
- Fehlinformation
- Unterschiedliche Einschätzung darüber, was wichtig ist
- Unterschiedliche Interpretation von Daten
- Unterschiedliche Vorgehensweise zur Bewertung

Interessen-Konflikte
sind verursacht durch

Angenommene oder tatsächliche Konkurrenz:
- Reale (inhaltliche) Interessen
- Verfahrensinteressen
- Psychologische Interessen

Beziehungs-Konflikte
sind verursacht durch

- Starke Gefühle
- Fehlwahrnehmungen oder Stereotypen
- Mangelnde Kommunikation oder Fehlkommunikation
- Wiederholtes negatives Verhalten

Werte-Konflikte
sind verursacht durch

- Verschiedene Kriterien zur Bewertung von Ideen oder Verhalten
- Ausschließende Ziele von innerem Wert
- Unterschiedliche Lebensformen, Ideologie und Religion

Struktur-Konflikte
sind verursacht durch

- Destruktive Verhaltens- oder Interaktionsmuster
- Ungleiche Kontrolle, Eigentumsverhältnisse oder Verteilung von Ressourcen
- Ungleiche Macht und Autorität
- Geographische, physische oder umfeldbezogene Faktoren, welche Zusammenarbeit behindern
- Zeitzwänge

Mögliche Interventionen bzgl. Beziehungen

- Halten Sie das Ausdrücken von Gefühlen unter Kontrolle durch die Vorgehensweise, Grundregeln, Einzelgespräche usw.!
- Fördern Sie das Ausdrücken von Gefühlen, indem Sie sie anerkennen und ein Verfahren dafür vorsehen!
- Klären Sie Wahrnehmungen und bauen Sie positive Wahrnehmungen auf!
- Verbessern Sie Qualität und Quantität der Kommunikation!
- Blocken Sie negatives, sich wiederholendes Verhalten ab, indem Sie die Struktur verändern!
- Ermutigen Sie positive Einstellungen zur Problemlösung!

Mögliche Interventionen bzgl. Werte

- Vermeiden Sie eine Bestimmung des Problems in wertenden Begriffen!
- Ermöglichen Sie den Parteien, zuzustimmen oder abzulehnen!
- Schaffen Sie Einflußsphären, in denen **ein** Wertebündel vorherrscht!
- Suchen Sie nach übergeordneten Zielen, die alle teilen!

Mögliche Interventionen bzgl. Strukturen

- Bestimmen Sie Rollen klar und verändern Sie sie!
- Ersetzen Sie destruktive Verhaltensmuster!
- Verteilen Sie Besitz oder Kontrolle von Ressourcen neu!
- Führen Sie ein faires, beidseitig akzeptierbares Verfahren der Entscheidungsfindung ein!
- Verändern Sie den Verhandlungsstil vom positionen- zum interessenorientierten Verhandeln!
- Verändern Sie die Art der Einflußnahme der Parteien (weniger Zwang, mehr Überzeugung)!
- Verändern Sie den physischen Bereich und das Umfeld der Parteien (Nähe und Distanz)!
- Schwächen Sie Druck von außen auf die Parteien ab!
- Verändern Sie Zeitzwänge (mehr oder weniger Zeit)!

(Nach C. Moore, The Mediation Process, San Francisco 1986, S. 27)

Vom Kampf der Argumente zum Entwurf neuartiger Lösungen (6)

Ob ein Problem nun auf der Erscheinungsebene gelöst werden kann, oder ob zuerst in die Tiefe gegangen werden muß - es stellt sich meist dennoch irgendwann die Frage, welche sachliche Lösung nun am besten ist.

Traditionell wird bei uns dazu "diskutiert" und "argumentiert". Bei allen Vorteilen dieser Herangehensweise hat sie doch auch Nachteile: Sie beruht auf einem Denken in Gegensätzen, das die Polarisierung des Konflikts widerspiegelt: Normalerweise siegt die eine Seite, die andere unterliegt. Erfolgreich ist der stärkere Standpunkt und nicht unbedingt der bessere.

Die **Argumentationsmethode** führt meist dazu, daß
- die "Fronten" immer starrer werden,
- keine neue Ideen entwickelt werden, die sich von den im Streit befindlichen unterscheiden,
- unendlich viel Zeit, Energie, Kosten und Kreativität darauf verwendet werden, die jeweils andere Idee zu schwächen, anstelle die Ideen zu verbessern.

Eine mögliche Alternative ist das **Verhandeln**. Verhandeln im herkömmlichen Verständnis läuft jedoch häufig auf einen "Kompromiß" hinaus. Man bewegt sich innerhalb der Abgrenzungen, die gegeben sind, statt neue zu entwerfen.

Miteinander zu verhandeln - in diesem Sinne - ist besser, als miteinander zu streiten, aber es gibt bessere Alternativen.

Die **Problemlösung** ist eine davon. Sie bedeutet, daß Ursachen isoliert und verändert bzw. beseitigt werden. In komplexen Situationen gibt es allerdings oft eine große Anzahl wechselwirksamer Faktoren, die zusammen das Problem ausmachen (vgl. oben). Es besteht bei der Problemlösungs-Methode die Gefahr, daß man sich an einer einzigen, speziellen Ursache festklammert, weil sie leicht zu identifizieren ist - und der Rest wird außer Acht gelassen.

Das **Entwerfen von Lösungen** ist eine Methode, um neuartige Lösungen für komplexe Probleme zu entwickeln. Während Argumentation, Verhandlung und Problemanalyse immer auf das blicken, was schon da ist, schaut das Entwerfen stets nach vorn auf das, was geschaffen werden könnte. Es kommt eine Lösung zustande, die vorher noch nicht da war. Beim Entwerfen kann es Provokationen, Fehlstarts, Gedankensprünge und einen unregelmäßigen Entwicklungsprozeß geben. Wichtig ist, daß das Ergebnis offen ist und daß der Weg zum Ziel nicht einer ständigen logischen Rechtfertigung und Über-

---

6) Nach Edward de Bono, Konflikte. Neue Lösungsmodelle und Strategien, Düsseldorf 1989.

prüfung standhalten muß: Entscheidend ist, ob das Ergebnis seinen beabsichtigten Zweck erfüllt oder nicht.

Diese Methode des Entwerfens entspricht dem Ziel der konstruktiven Konfliktaustragung, nämlich daß die KontrahentInnen Seite an Seite gemeinsam nach Lösungen für ihr Problem suchen und dabei durchaus neue Lösungsebenen in Betracht ziehen.

Acht Prinzipien für die Konfliktlösung

MitarbeiterInnen der Stiftung für Friedens- und Zukunftsforschung in Schweden haben acht Prinzipien entwickelt, um Konflikte zu verstehen und zu lernen, gewaltfreie Lösungsmöglichkeiten zu finden.

1. *Interessen*

   Regel: Beziehe Dich auf die Interessen und nicht auf die Positionen!

2. *Menschen*

   Regel: Unterscheide zwischen den Menschen und dem Problem!

3. *Optionen*

   Regel: Überlege Dir viele Handlungsmöglichkeiten, bevor Du Dich entscheidest, was zu tun ist. Durchdenke nicht nur Deinen eigenen Schritt, sondern eine Reihe von möglichen Schritten und Gegenbewegungen!

4. *Kriterien*

   Regel: Achte darauf, daß das Ergebnis allgemein verbindlichen Kriterien genügen soll!

5. *Wahrheit*

   Regel: Es gibt mehrere Wahrheiten: Deine, ihre und vielleicht eine weitergehende!

6. *Mittel*

   Regel: Beachte die Einheit von Mittel und Ziel!

7. *Prämissen*

   Regel: Halte Dich an Prinzipien und baue darauf Deine eigene Strategie auf. Verfolge nur solche Ziele, die sowohl für Dich wie für die andere Seite gut sind, auch wenn die andere Seite sich nicht entsprechend verhält!

8. *Macht*

   Regel: Macht ist die Fähigkeit, die eigenen Ziele zu erreichen, nicht, andere zu bestrafen!

Vgl. Marta Henricson-Cullberg u.a.: After Jugoslavia what? Report by a conflict-mitigation mission to Croatia, Slovenia and Serbia, Sept. 1991.

Aus: AGDF (Hg.), Handreichung für Kirchengemeinden zur Friedensdekade 1992, Bonn 1992.

Grundgedanken der Mediation

Allgemein

In einem Hörfunk-Beitrag über Mediation hat der Jurist Christoph Hatlapa wichtige Grundlagen der Mediation folgendermaßen in Worte gefaßt:

> *"Die Menschen haben die Verantwortung für ihre Konflikte an Spezialisten abgegeben - einerseits sind es Psychotherapeuten und solche Berufe, die sich darum kümmern, und andererseits werden die Konflikte aus der Hand gegeben, indem man sie an Rechtsanwälte abgibt. Und die sind ja nun zur Parteilichkeit verpflichtet und sollen dann das Beste für ihren Mandanten oder Klienten rausholen, möglichst auch in Form von Geld. Und wenn man zugleich auf den Gegner eingeht, steht man als Rechtsanwalt schon nah am Parteiverrat. Eigentlich ist die Struktur unseres Rechtssystems sehr einigungsfeindlich durch das Parteilichkeitsgebot für Rechtsanwälte. Und das ist eigentlich unerfreulich, weil dadurch meistens die Wachstumschance - auch die menschliche Wachstumschance -, die in einem Konflikt steckt, vertan wird und es zu einer reinen Machtauseinandersetzung kommt. Und alle Beteiligten leiden darunter, und es kostet einfach sehr, sehr viel Lebensenergie. ...*
> *Was mir am wichtigsten dabei scheint, ist, daß man die Herrschaft über den Konflikt an die Menschen, die die Konflikte haben, zurückgibt. Denn der Wachstumsprozeß gehört ihnen, und den sollen sie dann auch erleben!" (7)*

Es geht also um Übernahme von Verantwortung und Selbstbestimmung, und um eine konstruktive Auseinandersetzung mit Konflikten. Den zerstörerischen Kräften destruktiven Streitens, die uns kaputt machen oder in die Verfügungsgewalt anderer treiben, sollten wir keinen Raum geben. Vielmehr sollten wir die Chance zur Entwicklung und zum Wachstum, die in Konflikten steckt, ergreifen!

"Sind die KontrahentInnen denn nicht überfordert, wenn sie selber nach Lösungen suchen sollen? Fachleute haben doch einen größeren Durchblick!"

Dieser Auffassung steht entgegen, daß die Streitparteien eine viel genauere Kenntnis des Konflikts und seiner Umstände haben, als es eine

---

7) Notizbuch, 17.12.91, "Es muß nicht vor dem Kadi enden: Mediation - konstruktiv mit Konflikten umgehen, Bayer. Rundfunk, Familienfunk.

außenstehende Person haben kann. Sie allein kennen auch ihre damit verbundenen Gefühle, die eine "rationale" Konfliktlösung oft so schwierig machen. Und schließlich sind sie es auch, die dann mit der Lösung leben müssen. Oft ist eine "handgestrickte" Konfliktregelung für die Beteiligten wesentlich effektiver und befriedigender als die ausgeklügelte Lösung von "ExpertInnen". Und: Menschen sind viel eher bereit, ihr Verhalten zu ändern, wenn sie in der Problemanalyse und Lösungsausarbeitung beteiligt sind und Entscheidungen ausführen, die sie mitformuliert haben.

Das Problem ist, daß die Kompetenz, das Wissen und die Phantasie der Konfliktparteien nicht zum Zuge kommen können, solange sie sich bekriegen. Das kann sich ändern, wenn vermittelnde, unparteiische Dritte den Prozeß der Eskalation unterbrechen und den Streitenden einen Weg zeigen, wie sie zu konstruktiven Lösungen kommen können. Angeleitet von den MediatorInnen lernen sie, wie der Kampf um Positionen und das Denken in Sieg-Niederlage-Kategorien in eine gemeinsame Problemlösung zum gegenseitigen Nutzen gewendet werden kann. Ausgehend von einer tiefen Achtung der Person der Streitenden geht es um eine Lösung, welche die Interessen aller Beteiligten berücksichtigt. Dies hat auch einen praktischen Sinn, denn autoritäre Lösungen verkleistern das Problem, unterdrücken Ansprüche, die als berechtigt empfunden wurden, und vergrößern somit nur das zugrundeliegende Konfliktpotential. Der Konflikt wird sich an anderer Stelle wieder Luft verschaffen!

Demgegenüber kann durch den Mediations-Ansatz nicht nur das aktuelle Problem gelöst werden, sondern auch zukünftige Schwierigkeiten werden entschärft: Die gegenseitigen Beziehungen haben durch die Konfliktaustragung keinen Schaden erlitten, im Gegenteil, sie werden in der Regel sogar verbessert. Der Nährboden für künftige Streitigkeiten wird entzogen. Und wenn doch Probleme auftauchen, kann das erlernte Konfliktverhalten mit dazu beitragen, daß sie in konstruktiver und kooperative Weise geklärt werden. Das über die konkrete Streitschlichtung hinausgehende Ziel ist es nämlich, die Menschen "konfliktfähig" zu machen.

Ein wichtiger Aspekt der Mediation, der wohl auch zu deren zunehmenden Verbreitung beiträgt, ist es, daß die Menschen durch sie weder kriminalisiert (wie durch ein Gerichtsurteil) noch pathologisiert (wie durch eine therapeutische Behandlung) werden. Sie können diese Hilfe in Anspruch nehmen, ohne daß ihr eigenes Selbstwertgefühl dadurch in Mitleidenschaft gezogen wird.

Das Verfahren

- Mediation beachtet sowohl die sachliche als auch die emotionale Dimension eines Streits in der Konfliktbearbeitung. Auf diese Weise verbindet sie die Vorteile der eher "ein"seitig orientierten Verfahren wie Gerichtsprozeß (sachbezogen) oder Therapie (gefühlsbezogen) in einer sinnvollen Weise. Das Verfahren berücksichtigt damit die Erkenntnisse der Psychologie und Konfliktforschung, nach denen Gefühle, Einstellungen, Beziehungen und Kommunikation als wesentliche Faktoren des Konflikts begriffen und in den Lösungsprozeß einbezogen werden müssen.

- Voraussetzung für die konstruktive Konfliktlösung ist die Achtung und Bestätigung der GesprächspartnerInnen. Sie müssen sich akzeptiert und verstanden fühlen, um sich anderen zuwenden und Verständnis für diese gewinnen zu können. Die MediatorInnen drücken diese "Wertschätzung" in ihrem ganzen Verhalten und Umgang aus, besonders jedoch, indem sie aktiv zuhören, alles zur Sprache kommen lassen und nichts verurteilen oder werten. Sie nehmen Gefühle, Widerstände, Einstellungen, Interessen ernst, auch wenn sie sie nicht unbedingt teilen. Im späteren Verlauf werden auch die KontrahentInnen veranlaßt, sich gegenseitig dieses Verständnis entgegenzubringen und deutlich zu machen.

- Im destruktiven Streit leiden Kommunikation und Kommunikationsfähigkeit. Im "Eifer des Gefechtes" werden Informationen ungenau und mit Vorwürfen angereichert mitgeteilt, der Kommunikationsfluß kommt unter Umständen zum Erliegen. Die Mediation sorgt deshalb dafür, daß alle Konfliktparteien ihre Sicht der Dinge und ihre Informationen vorwurfsfrei und ausführlich darlegen können, so daß für alle ein genaues und umfassendes Gesamtbild entsteht.

- Ein Konflikt ist immer mit vielen Gefühlen besetzt. Sie einfach zu ignorieren, erschwert nur die Lösung. In der Mediation dürfen und sollen diese Gefühle ausgedrückt werden, ohne jedoch andere zu verletzen. Das verschafft "Luft" und verhilft der Gegenseite zu einem vertieften Verständnis des Streites und der KontrahentInnen.

- Kreative neue Lösungen, die allen nutzen, werden eher durch Kooperation als durch Konkurrenz gefunden. Dazu wird der Konflikt in positiver Weise neu definiert, so daß er als "gemeinsames Problem" begriffen wird. Mit Hilfe geeigneter Methoden befähigen die MediatorInnen die Streitparteien, auf kooperative und kreative Art Lösungen zu finden.

- Aus der Einsicht heraus, daß sich Umstände ändern können, die eine vereinbarte Konfliktlösung erschweren oder unbrauchbar machen können, werden auch Absprachen über eine mögliche Korrektur oder Neuverhandlung der Vereinbarungen getroffen.

Grundannahmen des Mediationskonzeptes

1. Konflikt ist gesund, aber ein ungelöster Konflikt ist gefährlich.

2. Häufig resultiert ein Konflikt eher daraus, daß die Parteien nicht wissen, wie sie ein Problem lösen können, als daß sie ihn nicht lösen wollten.

3. Die an einem Streit Beteiligten können grundsätzlich bessere Entscheidungen über ihr Leben treffen als eine Autorität von außerhalb wie etwa ein Schiedsrichter.

4. Menschen treffen vollständigere und deshalb bessere Entscheidungen, wenn sie die Gefühle, die durch Konflikte entstanden sind, bewußt wahrnehmen und in die Entscheidungen integrieren, ohne daß sie die rationalen Belange überwältigen.

5. Verhandlungen sind eher erfolgreich, wenn die Streitparteien ihre Beziehung nach dem Streit fortsetzen müssen, als wenn sie danach keine Beziehung mehr zueinander haben.

6. Die Beteiligten einer Übereinkunft halten sich eher an die Bestimmungen, wenn sie selbst für das Ergebnis verantwortlich sind und den Prozeß, der zur Übereinkunft geführt hat, akzeptieren.

7. Der neutrale, vertrauensvolle und nicht-therapeutische Charakter der Mediationssitzungen ermutigt, daran teilzunehmen.

8. Die in der Mediation erlernten Verhandlungsfähigkeiten sind nützlich, um zukünftig Konflikte zu lösen.

These 1,2,5: J. Haynes & G. Haynes, Mediating Divorce: Casebook of strategies for successful family negotiations, San Francisco 1989, S. 2f.

These 3,4,6: Jay Folberg & Alison Taylor, Mediation. A Comprehensive Guide to Resolving Conflicts without Litigation, San Francisco 1984, S. 14.

These 7,8: A.J. Salius & S.D. Maruzo, Mediation of Child Custody and Visitation Disputes in a Court Setting, S. 165f, in: J. Folberg & A. Milne (Eds.), Divorce Mediation. Theorie and Practice, New York 1988, S. 163-190.

Die Rolle der unparteiischen Dritten

Die Erfahrung zeigt, daß in manchen Konflikten die Streitenden von sich aus kaum mehr weiterkommen. Eine Lösung kann die Einbeziehung von zusätzlichen, unparteiischen Dritten bringen. Dies hat verschiedene Gründe:

Praktische Gründe

- Oft sind die Konfliktparteien nicht vertraut mit den grundlegenden Regeln und Methoden einer konstruktiven Konfliktaustragung. Außenstehende Personen mit der nötigen Erfahrung können dieses Wissen dosiert und gezielt in den Konfliktaustragungsprozeß einbringen.

- Selbst wenn Konflikte nicht unter den Teppich gekehrt, sondern angesprochen werden, kann sich die Art und Weise der Kommunikation verschlimmernd auf den Konflikt auswirken, vor allem, wenn die Emotionen hochgeschaukelt sind. Die Anwesenheit von außenstehenden Person schafft in der Regel eine Ausgangssituation, in der sich die Konfliktparteien eher kontrolliert verhalten. Unbeherrschte emotionale Attacken unterbleiben bzw. können unterbunden werden. Unparteiische dritte Personen können die KontrahentInnen durch ihre interessensfreie Distanz wirksamer auf die Pfade der konstruktiven Konfliktaustragung führen als Konfliktbeteiligte. Ihre Ratschläge zum Vorgehen werden eher akzeptiert, als wenn sie von einer der Konfliktparteien kommen, der man eigennützige Absichten unterstellen kann.

- Wie in allen schwierigen Gesprächen ist eine Gesprächsmoderation durch eine besondere Person hilfreich, besonders wenn sich eine Diskussion festgefahren hat oder Rückfälle in destruktives Verhalten vorkommen.

- Unparteiische Dritte können aufgrund ihres größeren Überblicks kreative, hilfreiche Ideen in die Verhandlungen einbringen und Denkblockaden aufgrund emotionaler Erregung überwinden helfen.

Logische Notwendigkeit

Es bedarf z.B. einer dritten Person, wenn eine Konfliktpartei Vorschläge oder Zugeständnisse in den Klärungsprozeß einbringen will, diese aber nicht offen mitteilen möchte, etwa weil sie fürchtet, daß die Zugeständnisse als Zeichen der "Schwäche" interpretiert werden könnten. Einer unparteiischen dritten Person dagegen können solche Vorschläge im Einzelgespräch anvertraut werden, und diese kann dann die Anregungen als "eigene" Ideen in den Gesprächsprozeß einbringen.

- Den in eine Situation Verstrickten fehlt oft der nötige Überblick und der Sinn für Perspektive: Man kann nicht einem Weg folgen und gleichzeitig in der Position eines Hubschraubers sein und nach alternativen Wegen Ausschau halten.

- Die unparteiischen Dritten können als "Ersatzbrücke der Kommunikation" benutzt werden. Das heißt, die unterbrochene Kommunikation zwischen den KontrahentInnen kann über den Umweg der VermittlerInnen wieder hergestellt werden. Im Verlauf der Gespräche kann Stück für Stück wieder eine konstruktive direkte Kommunikation aufgebaut werden.

- Bestimmte methodische Hilfen können nur von Außenstehenden gegeben werden, z.B. Beobachtungen, das "Doppeln" und gezielte Provokationen bzw. "Kontrasuggestionen" (vgl. S. 122).

Mediation und Gewaltfreiheit

Die Grundgedanken der Mediation entsprechen denen der Gewaltfreiheit und der gewaltfreien Konfliktaustragung. Es ist zwar nicht überraschend, aber ermutigend und bestätigend, daß die verschiedensten Denkrichtungen sich schließlich an diesem Kreuzungspunkt treffen.

Das Menschenbild, die Erkenntnisse und die Methoden der humanistischen Psychologie waren schon früh eine wichtige Bereicherung für die Theorie und Praxis der gewaltfreien Konfliktaustragung, besonders auch für den Bereich der Trainings in Gewaltfreier Aktion. Die Ergebnisse und Konzepte der psychologischen, soziologischen und politikwissenschaftlichen Konfliktforschung untermauern ebenfalls zunehmend die Annahmen und Strategien der Gewaltfreiheit. Dies ist nicht verwunderlich, denn die Friedens- und Konfliktforschung war seit je her auch eine Domäne des Antimilitarismus und Pazifismus. Erstaunlich ist jedoch, daß nun auch eher konventionelle PolitikberaterInnen und mehr ökonomisch orientierte PraktikerInnen und WissenschaftlerInnen zu Verhandlungs- und Konfliktlösungskonzepten raten, die aus einem Grundlagenbuch für Gewaltfreie Aktion abgeschrieben sein könnten. Schließlich kommen auch noch von juristischer und politikberatender Seite zunehmend Überlegungen dieser Art ins Spiel. Sie haben ihren Beweggrund vorwiegend in der Überlastung der Gerichte, in der Ineffektivität und Unzulänglichkeit konventioneller Konfliktregulierung und in der Hilflosigkeit der Politik angesichts zunehmender Gewalttätigkeit.

Grundlegende Forderungen der Gewaltfreiheit finden sich im Konzept der Mediation in zentralen Punkten wieder:

- Unrecht, Gewalt und Konflikte sollen nicht passiv hingenommen, sondern aktiv angegangen werden.
- Sie sollen ohne den Einsatz von Gewalt oder das Eingreifen gewaltgestützter Autoritäten gelöst werden.
- Die Mittel der Konfliktlösung müssen ihrem Ziel entsprechen, nämlich dem gewaltfreien Umgang mit Konflikten.
- Es ist zu unterscheiden zwischen Person und Rolle, Mensch und Problem: Die Würde des Menschen ist zu achten, das Unrecht bzw. das Problem ist anzugreifen.
- Ziel der Konfliktaustragung soll es nicht sein, die GegnerInnen zu vernichten oder zu unterdrücken, sondern auch für sie einen gleichwertigen Platz in der neuen sozialen Ordnung zu schaffen.
- Voraussetzung für einen echten Dialog ist ein Machtgleichgewicht, das durch geeignete gewaltfreie Mittel geschaffen werden muß.
- Die eigene Wahrheit soll nicht absolut gesetzt werden. Die eigenen Positionen müssen hinterfragbar bleiben, und die Wahrheit der anderen Seite soll gesucht und ernstgenommen werden.
- Statt Sieg-Niederlage-Ergebnisse sind Konsens-Entscheidungen anzustreben.
- Die Menschen sollen ihr Leben und ihre Lebenswelt in freier Selbstbestimmung gestalten können. Sie sollen lernen, Gewalt und Herrschaft zu überwinden und ohne sie auszukommen.

Abgrenzung zu anderen Konfliktlösungsansätzen

Mediation ist **ein** Ansatz zur Konfliktlösung. Je nach Konfliktart, Persönlichkeit der Beteiligten und äußeren Umständen sind andere Wege einer Mediation vorzuziehen.

Im folgenden soll das Konzept der Mediation gegenüber einigen anderen Herangehensweisen abgegrenzt werden, die in manchen Punkten dem Mediationsverfahren ähneln. Eine eindeutige Abgrenzung ist jedoch nicht immer möglich, da manche Varianten des einen Ansatzes sich mit Varianten des Mediationsansatzes überschneiden.

Gerichtsverfahren und Mediation

Beiden gemeinsam ist die Einschaltung einer dritten Instanz in die Konfliktregulierung.

Im Blickpunkt der Gerichtsverhandlung steht die Vergangenheit und die Bewertung, wer im Recht ist und wer nicht. Im Mediationsverfahren dagegen geht es mehr um die Gegenwart und um die Zukunft. Zentrale Frage ist, wie der Konflikt geregelt werden kann, ohne nach "Schuld" und "Schuldigen" suchen zu müssen.

Der Ausgang des Gerichtsverfahrens ist ungewiß, obwohl es sich an Vorschriften und Gesetze halten muß. Je nachdem, welche RichterInnen und welche AnwältInnen mit der Sache befaßt sind, können höchst unterschiedliche Ergebnisse herauskommen. In der Regel gibt es am Ende GewinnerInnen und VerliererInnen.

Bei der Mediation dagegen hängt des Ergebnis von den Konfliktparteien ab. Sie haben größere Spielräume, um auch zu unkonventionellen Lösungen zu kommen, da sie sich nicht normierten Maßstäben unterwerfen müssen. Gesetzliche Rahmenbedingungen müssen zwar beachtet und einklagbare Rechte bei der Mediationsvereinbarung berücksichtigt werden, da sie sonst wohl nicht lange Bestand haben würde, aber innerhalb dieses Rahmens gibt es vielfältige Möglichkeiten für spezielle, dem jeweiligen Fall angepaßte Regelungen. Ziel sind Lösungen, bei denen alle Seiten GewinnerInnen sind.

Im Gegensatz zur Mediation ist die Teilnahme am Gerichtsverfahren für die Angeklagten nicht freiwillig. Ebenso ist die Annahme des Urteils nicht in das freie Ermessen der Verurteilten gestellt.

Es gibt aber auch Annäherungen an das Mediationsverfahren: In der Rechtspraxis wird oft der Versuch unternommen, die Streitparteien zu einer Einigung zu bewegen, ohne daß ein Gerichtsurteil gesprochen werden muß. Auch der Versuch, durch einen vorgerichtlichen "Täter-Opfer-Ausgleich" die Bestrafung, vor allem von Jugendlichen zu vermeiden, ist ein Grenzbereich zur Mediation.

Die Regelung in einigen Bundesstaaten der USA, Scheidungen erst dann vor einem Gericht zu behandeln, wenn zuvor eine Mediation durchgeführt wurde, verletzt in gewissem Maße das Prinzip der Freiwilligkeit von Mediationen und kann dadurch einige Stärken des Mediationsprozesses untergraben.

Verschärft wird dieses Problem noch bei sog. "med-arb"-Verfahren (eine Mischung aus Mediation und Arbitration = Schiedsverfahren), bei denen die MediatorInnen einen bindenden Schiedsspruch fällen können, wenn keine Einigung zwischen den Beteiligten erreicht wurde. Die Unparteilichkeit der MediatorInnen und die Vertraulichkeit des Mediationsgesprächs werden dadurch sicherlich in Mitleidenschaft gezogen. Als Alternative zum unmittelbar stattfindenden Gerichtsprozeß mag diese Mischform jedoch durchaus eine Berechtigung haben.

Rechtsförmige Problemlösungen	Mediation
Klärung von Schuld	Suche nach Lösungen
Normorientierung	Sachorientierung
Rekurs auf übergeordnete Weisheit	Vertrauen auf Weisheit der Betroffenen
Fremdsteuerung	Selbstregulation
verallgemeinerbare Lösungen	Einzelfallösungen
Suche nach der einen Perspektive	Akzeptierung unterschiedlicher Sichtweisen
Lösung durch Entscheidung im Konflikt	Lösung durch Erreichen von Konsens
Problembegrenzung	Problemausweitung
Überzeugen	Zuhören

Quelle: Hans-Joachim Fietkau & Helmut Weidner, Mediationsverfahren in der Umweltpolitik. Erfahrungen in der Bundesrepublik Deutschland, S. 29, in: Aus Politik und Zeitgeschichte, B 39-40/92, 18. September 1992, S. 24-34.

Schiedsspruch und Mediation

Im Unterschied zur Mediation entscheidet beim Schiedsverfahren die unparteiische dritte Instanz, welche Konfliktlösung zum Zuge kommen soll.

Ist der Schiedsspruch bindend, so gelten die meisten der Unterscheidungsmerkmale, die bereits im Abschnitt über die Abgrenzung zum Gerichtsverfahren genannt wurden.

Ist der Schiedsspruch nicht-bindend, d.h. die Streitenden können ihn akzeptieren oder auch nicht, besteht eine größere Nähe zur Mediation. Allerdings ist die Konfliktlösung kein Ergebnis, das von den Betroffenen selbst gemeinschaftlich erarbeitet wurde. In manchen Fällen braucht dies kein Nachteil zu sein, etwa wenn die Streitenden in erster Linie daran interessiert sind, **daß** der Konflikt beendet wird und nicht unbedingt **wie**.

Therapie und Mediation

Während vor Gericht Fakten, Handlungen, Absichten und Gesetze ausschlaggebend sind, werden in der Mediation und in der Therapie auch auf Gefühle Wert gelegt. Der Grad, wie weit die Gefühle im Mittelpunkt stehen, unterscheidet Mediation und Therapie. Bei der Mediation haben Gefühle ihren Platz, bilden aber nicht wie bei der Therapie den Mittelpunkt. Im Blickfeld der Mediation stehen nicht primär die Heilung und die Aufarbeitung seelischer Konflikte, sondern das Aushandeln von zukunftsorientierten Vereinbarungen. Gefühle sind zwar Teil der Wirklichkeit, aus der sich die Interessen der Betroffenen formulieren; der Brennpunkt des Mediationsprozesses liegt aber im wesentlichen auf der Interessenebene. (8)

Weitere Unterscheidungen:

Mediation	Therapie
Es geht um interpersonelle Konflikte.	Es geht um intrapersonale Konflikte.
Alle Konfliktbeteiligten sind einbezogen (evtl. auch Gruppen).	In der Regel ist **nur** eine konfliktbeteiligte Person in der Behandlung.
Persönliche Hintergründe werden einbezogen, um zu einer Lösung des Konflikts zu kommen.	Der Konflikt wird als Wegweiser zu tieferliegenden Problemen benutzt.
Ziel ist die Lösung des aktuellen Problems.	Ziel ist die Lösung der tieferen Persönlichkeitsprobleme.

Mediation kann zwar auch therapeutische Wirkungen haben. Intrapersonale Probleme werden jedoch nur insoweit angesprochen, als sie eine Lösung auf der Sachebene verhindern. Liegt das Hauptproblem in der Person des Streitenden, ist eine therapeutische Behandlung ratsam.

Beratung/Supervision und Mediation

Beratung und Supervision sind in vielen Punkten eng verwandt mit dem Mediationsmodell, wenn es sich um einen Beratungsansatz handelt, der die Problemlösung durch die Ratsuchenden selbst zum Ziel hat (Prozeßberatungs-Modell). Allerdings finden Beratung und Supervision meist nur mit

8) Vgl. Gisela Mähler und Hans-Georg Mähler, Trennungs- und Scheidungsmediation in der Praxis, S. 355, in: Familiendynamik, Heft 4, Oktober 1992, S. 347-372.

einer Konfliktpartei statt. Es gibt jedoch auch Fälle, in denen auch die KonfliktpartnerInnen miteinbezogen werden. Aber auch dann unterscheidet sich das Mediationsverfahren von ihnen und zwar dadurch, daß von den TeilnehmerInnen die Zustimmung zu einigen Grundregeln verlangt wird, daß eine bestimmte Vorgehensweise eingehalten wird und daß am Ende eine zukunftsorientierte schriftliche Vereinbarung stehen soll.

Ein flexibleres Vorgehen bei der Mediation (z.B. Verzicht auf Grundregeln oder Vermischung der verschiedenen Phasen), was unter Umständen angebracht sein kann, verwischt allerdings die Grenzen zur prozeßorientierten Beratung.

Konfliktaustragungs-Möglichkeiten

Konfliktvermeidung Informelle Diskussion und Problemlösung Verhandlung Mediation	Private Entscheidung durch die Streitparteien	Zunehmender Zwang und zunehmende Wahrscheinlichkeit von Gewinner-Verlierer-Ergebnissen ↓
Administrative Entscheidung Schiedsverfahren	Entscheidung durch Dritte	
Juristische Entscheidung Gesetzes-Beschluß	Gesetzliche, maßgebliche Entscheidung	
Gewaltfreie direkte Aktion Gewalt	Außergesetzliche erzwungene Entscheidung	

Nach Christopher Moore, The Mediation Process, San Francisco 1986, S. 5.

Teil 3: **Mediation in der Praxis**

Historische und kulturelle Wurzeln

"Mediation" ist für die meisten Menschen in Deutschland noch ein unverständliches Fremdwort. Zwar gab es schon 1982 in Bad Boll eine Tagung über "Scheidungs-Mediation", aber der Impuls versandete damals offenbar. Erst seit Ende der 80er-Jahre wurde das Mediationskonzept in Deutschland verstärkt durch verschiedene "USA-HeimkehrerInnen" und durch Seminare amerikanischer Fachleute einem breiteren Publikum bekannt gemacht.

In den USA wird das Mediationsverfahren schon seit über 20 Jahren angewendet. In den letzten Jahren findet es auch zunehmend in anderen Ländern Verbreitung. Der Gedanke der Mediation ist allerdings nicht völlig neu, sondern eher eine Mischung aus Konfliktlösungspraktiken verschiedenster Völker und Kulturen. Wenn man als die vier wichtigsten Grundgedanken der Mediation die Hinzuziehung von vermittelnden, unparteiischen Dritten, die Einbeziehung aller Konfliktparteien, die außergerichtliche Ebene sowie die Freiwilligkeit - sowohl des Verfahrens als auch der Annahme des Ergebnisses - betrachtet, findet man zahlreiche Vorläufer und Varianten dieser Art von Konfliktvermittlung in anderen Ländern, Kulturen und Zeiten. Die Gewichtung der einzelnen vier Aspekte mag dabei jedoch durchaus unterschiedlich gewesen sein. (1)

Am weitesten verbreitet ist der Mediations-Gedanke vielleicht in **China** und **Japan**, wo Religion und Philosophie seit jeher eine starke Betonung auf Konsens, Kooperation und Harmonie legten.

Im alten China war Mediation das hauptsächliche Mittel, Streit beizulegen. In der Volksrepublik China wird es noch heute in den "Volks-Versöhnungs-Komitees" angewendet. Selbst im formalen Rechtssystem wird der Selbstbestimmung und der Vermittlung bei Konflikten eine große Bedeutung beigemessen.

In Japan wurde von den Führern einer Dorfgemeinschaft erwartet, daß sie den BewohnerInnen helfen, ihre Kontroversen zu klären.

Im **antiken Griechenland** wurden Konflikte zwischen den Stadtstaaten durch die Vermittlung anderer Städte beigelegt. Auch kleinere griechische Städte haben Vermittlungsdienste in den Konflikten zwischen den großen Stadtstaaten Athen und Sparta angeboten.

---

1) Die folgende Zusammenstellung beruht vor allem auf:
- Jay Folberg & Alison Taylor, Mediation. A Comprehensive Guide to Resolving Conflicts without Litigation, San Francisco, 1984, S. 1-7.
- Christopher W. Moore, The Mediation Process, San Francisco, 1986, S. 19-24.

In vielen Volksstämmen **Afrikas** gibt es die Einrichtung der Volksversammlung. JedeR hat das Recht, eine solche Versammlung einzuberufen, bei der eine angesehene Person als MediatorIn dient, um den beteiligten Parteien zu helfen, ihren Konflikt zu lösen. Die Rolle der vermittelnden Person ist zwar unterschiedlich, aber alle scheinen eine Regelung ohne Gericht oder den Gebrauch von Sanktionen zu suchen.

Andere Beispiele von Mediationsverfahren wurden in Dörfern in **Jordanien**, in **Melanesien**, in **Lateinamerika** und in **Spanien** gefunden.

Auch VertreterInnen von **Kirchen** und **Religionen** haben oft in Konflikten vermittelt.

Schon in der **Bibel** finden sich Ratschläge zur informellen, außergerichtlichen Konfliktbeilegung durch Dritte, auch wenn es sich dabei um keine Mediation im heutigen Sinne handelt: Im 1. Korintherbrief (6, 1-5) fordert Paulus die dortige christliche Gemeinde auf, ihre Streitigkeiten nicht vor das weltliche Gericht zu bringen, sondern in der Gemeinde beizulegen. Im Matthäus-Evangelium (18, 15-17) wird berichtet, wie Jesus empfiehlt, einen oder zwei Außenstehende hinzuzuziehen, wenn ein Regelverstoß nicht im direkten Gespräch bereinigt werden kann.

Die **Kirche** in Westeuropa war vielleicht die bedeutendste Mediations- und Konfliktregelungsorganisation im Mittelalter. Priester vermittelten bei Familienstreitigkeiten, bei Verbrechen und bei diplomatischen Konflikten. Auch heute noch übernehmen Geistliche in vielen Fällen eine aktive Rolle als Vermittler zwischen streitenden Gemeindegliedern.

Für viele **ethnische Gruppen**, **religiöse Sekten** und **Subkulturen** hat die eigenständige, staatsunabhängige Konfliktregelung eine große Bedeutung.

So haben Rabbiner in Europa bei Konflikten innerhalb der **jüdischen Gemeinde** vermittelt. Dies war wichtig, um ihre eigene kulturelle und religiöse Identität zu bewahren; oft aber auch, weil sie aufgrund ihres Glaubens von anderen Konfliktlösungsmöglichkeiten ausgeschlossen waren.

Quäker, Mennoniten und andere religiöse Gruppierungen sowie die **chinesischen** und **japanischen Einwanderer in Amerika** setzen ebenfalls Mediation und Schiedsverfahren zur Lösung ihrer Streitigkeiten ein.

Am bekanntesten ist der Einsatz von Konfliktvermittlern bei **Arbeitskämpfen**. In dem 1947 in den USA zu diesem Zweck gegründeten "Federal Mediation and Conciliation Service" taucht auch schon der Begriff "Mediation" auf.

Seit den 60er-Jahren wurde schließlich in den **USA** das Konzept der Mediation in der heutigen Form entwickelt. Diese Jahre waren geprägt durch die Vietnam-Proteste, die Bürgerrechtsbewegung, die Studenten-Unruhen und die Neubestimmung der Geschlechterrolle. Gedanken aus diesen Bewegungen sowie Impulse von KulturanthropologInnen und anderen WissenschaftlerInnen führten dazu, Alternativen zu dem als unzulänglich empfundenen herkömmlichen Rechtssystem zu entwickeln.

Eine wichtige Vorreiterrolle spielte der 1964 gegründete "**Community Relations Service**" (CRS) des amerikanischen Justizministeriums. Diese Einrichtung sollte helfen, Konflikte und Diskriminierungen rassischer, ethnischer oder nationaler Art durch Mediation und Verhandlungen zu lösen. Durch die Aufhebung der Rassentrennung gab es damals ein großes Konfliktpotential, das weder in gewalttätiger Weise auf der Straße ausgelebt noch vor die Gerichte gebracht werden sollte. Diese Einrichtung hat hinter den Kulissen einen wichtigen Beitrag geleistet, um viele der größeren Konfrontationen jener Jahre zu entschärfen.

In den 70er-Jahren stieg die Anwendung und Verbreitung des Mediationsverfahrens beträchtlich an. Im kommunalen Bereich wurden die ersten "**Neighborhood Justice Centers**" (NJC) eingerichtet, die kostenlose oder kostengünstige Mediationsdienste anbieten. Sie kümmern sich um Mieter-Vermieter-Streitigkeiten, Ehe- und Familienkonflikte, Probleme mit der Nachbarschaft, gewalttätige Auseinandersetzungen, Vandalismus und anderes. Zur Zeit gibt es über 700 solcher Mediations-Zentren in den USA. Viele derartiger Einrichtungen sind staatlich und arbeiten mit den Gerichten zusammen, andere sind unabhängig und verstehen sich als Graswurzelprojekte, als Alternative zum herkömmlichen Rechtssystem.

Der Bereich, der am schnellsten anwuchs, war die Mediation bei **Familienkonflikten**. Die rapide anwachsende Zahl von **Scheidungen**, führte zu einer völligen Überlastung der Gerichte. Deshalb wurden andere Möglichkeiten gesucht, mit Scheidungen und der Regelung von Scheidungsfolgen umzugehen. Mediation wurde dafür immer mehr als das geeignete Mittel angesehen. In drei Staaten der USA - Oregon, Kalifornien und Ohio - nehmen Gerichte solche Fälle heute nur noch an, wenn zuvor eine Konfliktlösung durch Mediation versucht wurde. (2) Viele professionelle MediatorInnen arbeiten in diesem Bereich.

Bei **Umweltkonflikten** haben Mediationsverfahren nicht nur in den USA, sondern auch in Kanada und Japan zunehmend an Bedeutung gewonnen. Inzwischen gibt es auch in Deutschland erste Versuche mit Mediationen im umweltpolitischen Bereich. (3)

---

2) Mitteilung von Traude Rebmann, Mediatorin beim Bund für Soziale Verteidigung (BSV).

3) Vgl. z.B.

- Hans-Joachim Fietkau & Helmut Weidner, Mediationsverfahren in der Umweltpolitik. Erfahrungen in der Bundesrepublik Deutschland, in: Aus Politik und Zeitgeschichte, B 39-40/92, 18. September 1992, S. 24-34.
- Horst Zilleßen & Thomas Barbian, Neue Formen der Konfliktregelung in der

In vielen anderen Bereichen (vgl. Kapitel "Bisherige Anwendungsbereiche von Mediation") fand das Mediationsverfahren ebenfalls Eingang, und es breitet sich noch weiter aus.

Erwähnenswert ist die Anwendung von Mediation bei **internationalen Konflikten**. Sowohl im Rahmen der UNO, die in Artikel 33 ihrer Charta Mediation als eine der verschiedenen Konfliktlösungsmöglichkeiten vorsieht, als auch aufgrund von Initiativen einzelner Staaten oder Organisationen wurde in mehreren politischen Konflikten vermittelt:

Quäker waren im Biafra-Krieg (1967-1970) an Vermittlungsbemühungen beteiligt.

Im Sudanesischen Bürgerkrieg 1972 wurde durch den "All African Council of Churches" erfolgreich eine Konfliktlösung (für zumindest ca. 10 Jahre) vermittelt.

Der Konflikt zwischen Sandinisten und Miskito-Indianern in Nicaragua (1988/89) wurde mit Hilfe u.a. von Geistlichen der "Moravian Church" beigelegt.

Das Camp-David-Abkommen 1978, das den Frieden zwischen Israel und Ägypten brachte, ist durch die Mediation von Präsident Carter zustandegekommen. (Vgl. dazu auch das Kapitel "Mediation durch Mächtigere" in Teil 6: Diskussion.)

Erstaunlich ist es, daß das Konzept der Mediation erst in den 80er-Jahren durch einzelne Personen nach Europa (**England, Irland, Frankreich, Deutschland** u.a.) "transportiert" worden ist. Allerdings gab und gibt es auch hier bereits ähnliche Ansätze in der Beratungsarbeit, Supervision, Gesprächstherapie und der Konflikttheorie.

Fast identisch mit dem Mediationsmodell ist das Modell der "Klärungshilfe" von Christoph Thomann und Friedemann Schulz von Thun. (4) Auch die Vorschläge zur Lösung von Konflikten durch Hinzuziehung einer Dritten Partei, die der Engländer Edward de Bono vorgelegt hat, gehen in diese Richtung. (5)

In **Deutschland** läßt sich derzeit ein großes Interesse an Mediation verzeichnen. Es gibt mittlerweile bereits Ansätze im Bereich Scheidung, Jugendkriminalität und Täter-Opfer-Ausgleich, Umweltkonflikte und Mediation in politischen Konflikten.

Umweltpolitik, in: Aus Politik und Zeitgeschichte, B 39-40/92, 18. September 1992, S. 14-23.
4) Christoph Thomann & Friedemann Schulz von Thun, Klärungshilfe. Handbuch für Therapeuten, Gesprächshelfer und Moderatoren in schwierigen Gesprächen, Reinbek 1988.
5) Eduard De Bono, Konflikte: Neue Lösungsmodelle und Strategien, Econ TB Verlag, Düsseldorf 1989.

Bisherige Anwendungsbereiche von Mediation

Ehe und Familie
z.B.
Ehekonflikte
Gewalt in der Ehe
Erziehungskonflikte
Scheidungsfolgen:
z.B. Unterhalt,
Sorgerecht für Kinder
und Besuchsregelungen
Adoption

Wirtschaft
z.B.
Arbeitskämpfe
Geschäftskonflikte
Konflikte am Arbeitsplatz

Kommunalpolitik
z.B.
Bau von (Übergangs-)
Wohnheimen
Flächennutzungspläne
Wirtschaftsentwicklung
für die Region (Regierung,
Behörden, Industrie)

Mietkonflikte
Konflikte zwischen
Mieter- und VermieterInnen

Nachbarschaft/
Stadtteil
z.B.
Konflikte wegen Kinderlärm
Gewalt
Vandalismus

Umweltschutz
vor allem in USA, Kanada
und Japan
z.B.
Standorte von
Industrieanlagen
Flächennutzung
Damm-Bau

BRD:
- Altlastprobleme der
undicht gewordenen
Sondermülldeponie
Münchehagen
- Abfallwirtschaftskonzept
des Kreises Neuss

Schule/Universität
z.B.
Training für SchülerInnen
Konflikte zwischen
StudentInnen und Lehrkörper
Konflikte zwischen den
Lehrenden
Konflikte zwischen Lehrkörper
und Verwaltung

Verkehrspolitik
BRD:
- Standortsuche für den
neuen Berliner Flughafen
(1993)
- Verkehrspolitik in
Heidelberg (1992/93)

Rassisch-ethnische
Konflikte
z.B.
Auseinandersetzungen zwischen
BürgerrechtlerInnen und
Rassisten
Konflikt Neo-Nazis - Juden
Aufhebung der Rassentrennung
an Schulen

Sonstige soziale Konflikte
z.B.
Konflikte im Altenheim
Konflikte in Kauf- und
Verkaufsangelegenheiten
Konflikte um die Einhaltung
von Verträgen
Medizinische Konflikte

Justiz/Kriminalität
z.B.
Körperverletzung
Täter-Opfer-Ausgleich
Polizei-Arbeit
Konflikte im Gefängnis

Parlament
z.B.
Mediations-Training für
Ausschußvorsitzende
(konstruktive Hearings statt
Redeschlachten)

Politische (internationale) Konflikte
z.B.
Indien-Pakistan-Konflikt 1965/66 (Vermittlung durch Alexei
Kosygin)
Bürgerkrieg in Biafra 1967-70 (Vermittlungsbemühungen
durch Quäker)
Sudanesischer Bürgerkrieg 1972 (Vermittlung durch All African
Council of Churches)
Israel und Nachbarn 1973-76 (Vermittlung durch Henry
Kissinger)
Camp-David-Abkommen Israel - Ägypten 1978 (Vermittlung
durch Präsident Carter)
Zimbabwe-Abkommen 1979
Iran-USA-Geisel-Affäre 1980/81 (Vermittlung durch Algerien)
Israel - Libanon nach Invasion 1982 in Libanon
(Vermittlungsbemühungen durch USA)
Falkland-Konflikt Argentinien - Großbritannien 1982
(Vermittlungsversuche durch den Präsidenten von Peru und
Alexander Haig)
Beagle-Kanal-Konflikt zwischen Argentinien und Chile 1984
(Vermittlung durch den Vatikan)
Iran-Irak-Krieg 1987 (Vermittlung durch Perez de Cuellar)
Nicaragua: Sandinisten - Miskito-Indianer 1988-89 (Vermittlung
durch Moravian-Church, Mennoniten, Jimmy Carter u.a.)
Israel - PLO 1993 (Vermittlung durch den norwegischen
Außenminister Johan Jörgen Holst)

Die nebenstehende Übersicht ist unvollständig und kann nur einen Eindruck geben von dem weiten Feld, in dem Mediation bisher schon eingesetzt wurde. Es werden in Zukunft sicherlich noch weitere Bereiche erschlossen, in denen Mediation ebenfalls sinnvoll angewendet werden kann.

Für etwas Verwirrung sorgt allerdings die unterschiedliche Definition dessen, was "Mediation" genannt werden soll: Für den zwischenmenschlichen und Kleingruppen-Bereich wurde ein sehr detailliertes Verfahren entwickelt, das sich u.a. dadurch auszeichnet, daß es großen Wert auf die Erkundung von Hintergrundinteressen und Gefühlen legt. Auf diesen Ansatz bzw. dieses Mediations-Verständnis wird hier in dieser Darstellung zurückgegriffen.

Im Bereich der internationalen Politik ist "Mediation" jedoch nicht so eng umrissen. Im UN-Sprachgebrauch wird darunter jegliche Vermittlungstätigkeit verstanden, die auf der ausdrücklichen oder unausgesprochenen Zustimmung der Konfliktparteien beruht und bei der verfahrensmäßige **und inhaltliche** Lösungsvorschläge seitens der MediatorInnen gemacht werden. (6)

Nichtoffizielle politische Mediationen, z.B. von Quäkern oder Mennoniten, haben dagegen eher den Schwerpunkt, die verfeindeten Parteien zu einem gegenseitigen Verständnis zu führen und sie zu versöhnen. Das Finden konkreter Lösungen wird den Konfliktparteien nicht abgenommen. (7)

Im Bereich der Umweltkonflikte wird zumeist auf einen Ansatz zurückgegriffen, wie ihn etwa Susskind und Cruikshank (8) vertreten: Vorrangig geht es darum, die Interessen der Beteiligten herauszufinden und darauf Lösungen aufzubauen. Die Erkundung persönlicher Gefühlszustände spielt dabei nur eine untergeordnete Rolle.

Wie erfolgreich ist Mediation?

Die Auswirkungen von Mediation wurden bisher vor allem bei Scheidungs-Mediationen untersucht.

Amerikanische Studien über die Erfolgsquoten in diesem Bereich ergaben, daß in 58 Prozent der Fälle eine Übereinkunft erzielt werden konnte (Denver Custody Mediation Project). Von den restlichen Paaren konnten

---

6) Kjell Skjelsbæk, The UN Secretary-General and the Mediation of International Disputes, S. 110, in: Journal of Peace Research, vol. 28, no.1, 1991 (International Mediation), S. 99-115.

7) Vgl. Adam Curle, In the Middle. Non-Official Mediation in Violent Situations, Berg Publishers, Leamington Spa - Hamburg - New York 1986.

8) Lawrence Susskind & Jeffrey Cruikshank, Breaking the Impasse. Consensual Approaches to Resolving Disputes, Basic Books, New York 1987.

immerhin noch 65 Prozent später eine Übereinkunft erzielen, bevor der Fall vor das Gericht kam. Das heißt, weniger als 16 Prozent benötigten das Gericht, um das Sorgerecht und Besuchsangelegenheiten zu regeln. Dagegen brachten 50 Prozent der Kontrollgruppe, die an keiner Mediation teilnahmen, ihre Probleme in diesen Fragen vor das Gericht. 93 Prozent der Betroffenen würden wieder an einer Mediation teilnehmen bzw. sie Freunden empfehlen. Selbst 81 Prozent der "gescheiterten Fälle" würde das Mediations-Verfahren Freunden weiterempfehlen. (9) Auch spätere Untersuchungen ergaben eine durchschnittliche Erfolgsziffer von 40 bis 65 Prozent zuzüglich 20 bis 25 Prozent, bei denen eine Teilvereinbarung oder zeitlich befristete Vereinbarungen zustande kamen. (10) Beim Family Mediation Center in Portland (Oregon) konnten nach dreijähriger Arbeit mehr als 80 Prozent erfolgreich abgeschlossene Fälle verzeichnet werden. In vielen Fällen, bei denen eine umfassende Einigung nicht gelang, konnten wenigstens einige Aspekte der Scheidungsfolgen geregelt werden. (11)

Die Zufriedenheit mit den erzielten Übereinkünften war auch ein Jahr später noch sehr hoch: Beim Toronto-Projekt gaben 81 Prozent derjenigen, die eine Vereinbarung erreichten, an, daß sie damit "ein wenig zufrieden", "zufrieden" oder "sehr zufrieden" sind. (12) Vergleichszahlen von prozessierenden Paaren ergaben immer wesentlich schlechtere Ergebnisse. Auch die Neighborhood Justice Centers berichten von hoher Zufriedenheit ihrer KlientInnen. (13)

Über Familien-Mediationen in Deutschland liegen noch keine umfassenden Untersuchungen vor. Die Auswertung eines Pilotprojekts in Erlangen weist jedoch in dieselbe Richtung wie die amerikanischen Erfahrungen: Die Eltern wurden durch die Vermittlungssitzungen - selbst bei hohem Streitpotential - befähigt, konstruktiv zu streiten und durch kooperative Kommunikation zu einvernehmlichen eigenen Lösungen zu gelangen. "Reaktionen der betroffenen 'Vermittlungs-Eltern' zeigen, daß sie selbst von diesem Ergebnis überrascht sind, weil sie dies - aufgrund ihrer tatsächlichen Konflikt- und Streitsituation - zunächst nicht erwartet hatten. Das Vermittlungsverfahren wird von den Vermittlungseltern als sehr positiv, hilfreich, durchschaubar,

---

9) Nach J. Person & N. Thoennes, Divorce Mediation: Strenghts and Weakness over Time, in: H. Davidson, L.Ray & R. Horowitz (Eds.), Alternative Means of Family Dispute Resolution, Washington D.C. 1982, zit. in: Jay Folberg & Alison Taylor, Mediation. A Comprehensive Guide to Resolving Conflicts without Litigation, San Francisco 1984, S. 11f.
10) Nach J.Pearson, N.Thoennes, Divorce Mediation Research Results, in: Folberg & Milne (Eds.), Divorce Mediation - Theory and Practice, New York 1988, S. 429-452, zit. in: Ursula Mehlan, Neue Wege der Konfliktlösung bei Scheidung, S. 78.
11) Jay Folberg & Alison Taylor, Mediation. A Comprehensive Guide to Resolving Conflicts without Litigation, San Francisco 1984, S. 11.
12) Ebd. S. 12.
13) Ebd. S. 13.

entlastend, strukturiert und kindbezogen beschrieben. Demgegenüber bewerteten die Kontrolleltern die klassische Jugendhilfeintervention überwiegend als streitverschärfend." (14)

Befürchtungen, daß Frauen aufgrund ihrer oft stärkeren finanziellen Abhängigkeit durch die Mediation benachteiligt werden, lassen sich wegen der uneinheitlichen empirischen Befunde bislang weder bestätigen noch widerlegen. (15)

Untersuchungen machen auch deutlich, daß die Qualifikation der MediatorInnen Einfluß auf den Erfolg hat: Im Bereich der Scheidungs-Mediation stellte eine amerikanische Studie fest, daß eine Übereinkunft doppelt so häufig bei erfahrenen MediatorInnen erreicht werden konnte als bei unerfahrenen. Als "erfahren" galt eine MediatorIn, wenn sie bereits mehr als sechs Mediationen durchgeführt hatte. (16)

In den traditionellen Anwendungsbereichen der Mediation - Familienkonflikte und Arbeitskämpfe - scheinen die Erfolgsquoten wesentlich höher zu liegen als bei Mediationsbemühungen in anderen Bereichen. Das könnte u.a. auch daran liegen, daß in diesen anderen Bereichen noch nicht so viele Erfahrungen gemacht werden konnten. Allerdings scheinen die Erfahrungen im Umweltbereich ebenfalls sehr positiv zu sein. Jedenfalls werden in den USA, in Kanada und in Japan zunehmend Umweltkonflikte mittels Mediation angegangen. (17)

---

14) Roland Proksch, Vermittlung (Mediation) in streitigen Sorge- und Umgangsrechtsverfahren. Erfahrungen aus einer Praxisstudie, S. 412, in: Familiendynamik, Heft 4, Oktober 1992, S. 395-414.

15) Vgl. Reiner Bastine, Gabriele Link und Bernd Lörch, Scheidungsmediation: Möglichkeiten und Grenzen, S. 383, in: Familiendynamik, Heft 4, Oktober 1992, S. 379-394. Kritische Anfragen in diese Richtung werden im Heft 11, November 1992 des "sozialmagazins" gestellt. Dabei wird allerdings die Kritik am gemeinsamen Sorgerecht in unzulässiger Weise übertragen auf das Mediationsverfahren. Die abschließenden Vereinbarungen - z.B. gemeinsames Sorgerecht - sind ja nicht durch das Mediationsverfahren vorgegeben, sondern hängen auch von den Wünschen und Interessen der Frau ab. Fälschlicherweise wird auch behauptet (S. 20), daß die MediatorInnen die schwächere Partei nicht stärken dürfe. (Vgl. Kapitel "Besondere Probleme - Machtgefälle", S.92ff) Konkrete Erfahrungen oder Untersuchungen für die Stichhaltigkeit der Mediationskritik werden nicht genannt.

16) Vgl. Pearson & Thoennes, Divorce mediation: An overview of research results, Columbia Journal of Law and Social Problems 19, S. 451-484, zit. in: Reiner Bastine, Gabriele Link und Bernd Lörch, Scheidungsmediation: Möglichkeiten und Grenzen, S. 386, in: Familiendynamik, Heft 4, Oktober 1992, S. 379-394.

17) Wissenschaftszentrum Berlin - Mitteilungen 53, Sept. 1991: Mediation in der Umweltpolitik (S. 5-8), S. 6.

Die Erfolgsanalysen von Mediationsverfahren werden jedoch von deutschen Wissenschaftlern auch **kritisch** beurteilt: Sie hielten kaum methodisch einwandfreien Prüfungsanforderungen stand, die Erfolgskriterien blieben oft unklar, und in den meisten Fällen handele es sich um fallbezogene Erfahrungsberichte der Mediatoren, die vielleicht ein natürliches Interesse daran haben, in ihrem Handeln als erfolgreich zu gelten. Schließlich lege auch die mangelnde Trennung zwischen Mediatoren und wissenschaftlichen Evaluatoren die Frage nach Urteilsfehlern nahe. (18) Deshalb soll in einem vierjährigen Projekt ein Mediationsverfahren am Beispiel der Abfallproblematik (Kreis Neuss) vom Wissenschaftszentrum Berlin sozialwissenschaftlich begleitet und ausgewertet werden. (19)

Im internationalen Bereich gab es in 235 (= 82 Prozent) von 310 analysierten Konflikten (zwischen 1945 und 1974) irgendeine Form offizieller Intervention von dritter Seite. Diese Interventionen bestanden in erster Linie aus Mediationen durch die Vereinten Nationen. Es gab aber auch nicht-offizielle Vermittlungsbemühungen, z.B. seitens der Quäker. In vielen Fällen halfen solche Interventionen, die Konflikte zu glätten, wobei allerdings offen bleibt, ob ohne die Einbeziehung der VermittlerInnen ein ähnliches oder sogar ein besseres Ergebnis erzielt worden wäre.

Auch wenn keine Lösung erreicht werden kann, können solche Vermittlungsbemühungen nützlich sein, um einen Konflikt einzudämmen, Zeit zu gewinnen oder eine weitere Verschlimmerung der Situation zu verhindern. (20) Im Falle der "gescheiterten" Mediation im Biafra-Krieg (1967-70) gab es etwa den Erfolg, daß nach Ende des Krieges nicht das erwartete Massaker an den besiegten Abtrünnigen einsetzte, sondern eine umfassende Hilfe und Rehabilitierung. (21)

---

18) Ebd.

19) Ebd.

20) Richard B. Bilder, International Third-Party Dispute Settlement, in: W. Scott Thompson & Kenneth M. Jensen (Eds.), Approaches to Peace. An Intellectual Map, Washington 1991, S. 191-226, S. 210f.

21) Vgl. Adam Curle, In the Middle. Non-Official Mediation in Violent Situations, Berg Publishers, Leamington Spa - Hamburg - New York 1986, S. 51.

Teil 4: **Das Verfahren**

Phasen der Mediation

Die folgende Übersicht über die Stufen des Mediationsprozesses ist ein Versuch, aus den verschiedenen Modellen, die in der Literatur zu finden sind, ein übersichtliches und vielseitig verwendbares Modell zusammenzustellen.

Folberg und Taylor (1984) nehmen eine Einteilung in sieben Stufen vor, wobei sie erst beim eigentlichen Mediationsgespräch beginnen. Moore (1986) unterscheidet 12 Stufen: dabei schließt er zwar die Vorphase, jedoch nicht die Umsetzungsphase mit ein. In anderen Publikationen (z.B. Mediation Training Institut, 1988) wird die einfachere und übersichtlichere Einteilung in vier Phasen (Einleitung - Sichtweise der einzelnen - Problemlösung - Übereinkunft) gewählt.

Im folgenden wird dieses übersichtliche letztere Modell als Ausgangspunkt genommen, allerdings ergänzt um die Phase der "Konflikterhellung / Vertiefung" sowie die Vorphase und die Umsetzungsphase. Die differenziertere Einteilung der anderen AutorInnen findet sich in den Unterpunkten zu den Grobeinteilungen wieder.

Die Reihenfolge der einzelnen Schritte muß nicht strikt eingehalten werden: je nach Art des Konfliktes und Verlauf des Gespräches können einzelnen Schritte entfallen oder an anderer Stelle auftauchen. Als Orientierungshilfe ist die vorgeschlagene Reihenfolge jedoch sinnvoll, weil es sich um eine aufeinander aufbauende Sequenz handelt.

Vorphase

Erste Kontaktaufnahme von Konfliktbeteiligten zu den MediatorInnen
oder umgekehrt oder durch Dritte

Alle Konfliktparteien ansprechen und zur Teilnahme **motivieren**

Vorbereitung der MediatorInnen: Informationen sammeln,
evtl. Sachverständige ansprechen,
Vorgehensweise überlegen

evtl. "Vormediation"/Konfliktberatung für die Streitparteien

Das Mediationsgespräch

1. Einleitung

Gute Atmosphäre schaffen: sie soll angenehm, entspannt, angstfrei, kooperativ, vertrauensvoll sein
Vorstellung der MediatorInnen und KontrahentInnen

Bisheriger Stand der Dinge: Art der Kontaktaufnahme und Informationsstand der MediatorInnen
Bestätigung bzw. Korrektur, Erwartungen der TeilnehmerInnen erbitten bzw. erfragen

Mediationsprozeß erklären: Verfahren, Rolle der MediatorInnen, Grundregeln (aushandeln) (evtl. zusätzliches Info-Blatt)
Offene Fragen klären

Bereitschaft, sich auf das Verfahren einzulassen, erfragen;
Widerstände ernst nehmen und berücksichtigen

Geschäftliches (Vertrag) und **Organisatorisches** regeln (Zeitplan, Notizen etc.)

evtl. Themen sammeln, ordnen und gewichten
Tagesordnung / Reihenfolge der Themen festlegen

2. Sichtweise der einzelnen Konfliktparteien

Sichtweise jeder einzelnen Konfliktpartei: Fakten und Gefühle den MediatorInnen erzählen lassen
Nachfragen, aktives Zuhören durch die MediatorInnen
Zusammenfassung durch die MediatorInnen
Verständnisfragen von den KontrahentInnen

Rückmeldung durch die Gegenseite(n)
Soweit möglich und hilfreich:
direkte Kommunikation zwischen den Konfliktparteien und **Spiegeln** des Gehörten durch die Angesprochene(n) (Hilfestellung durch die MediatorInnen)
sonst: Kommunikation über die MediatorInnen

Gemeinsamkeiten und **Differenzen** festhalten (MediatorInnen)

3. Konflikterhellung / Vertiefung

Befragung zu den einzelnen Problemen durch die MediatorInnen
(beide/alle Seiten im Wechsel)
(mit **einfachem** und/oder **dringlichem** Problem **anfangen**)
- bisher nicht genannte **Interessen, Gefühle** und **Hintergründe** herausarbeiten
- **Wünsche/Idealvorstellungen** aussprechen lassen
- **direkte Kommunikation herstellen** (besonders bei positiven Aussagen, Ich-Botschaften und Wünschen)
- **Reaktion der anderen Seite(n)** erfragen

4. Problemlösung / Entwurf von Lösungen

Lösungsmöglichkeiten sammeln: Ideensammlung (Brainstorming)
evtl. **Ideen von MediatorInnen** einbringen

Bewertung und Auswahl der interessantesten Vorschläge

Ausarbeitung, Heranziehen von Sachinformationen

5. Übereinkunft

Einigung auf die beste Lösung und **Übereinkunft formulieren**
Umsetzung, Kontrolle und **Umgang mit künftigen Problemen** klären
Unterzeichnung der Vereinbarung

Abschluß: evtl. mit versöhnlicher Geste, Dank an die Beteiligten

Umsetzungsphase

Nachfolgetreffen zur Auswertung und Besprechung von Problemen

Evtl. **Nachverhandlung**

Kommunikationsrichtungen während des Mediationsgesprächs

Besonders wenn Konflikte emotional aufgeheizt sind und das "Gespräch" zwischen den Streitenden nur noch destruktiv ist, kann das Mediationsverfahren sehr hilfreich sein. Die vermittelnde Person stellt sich als "Hilfsbrücke" für die Kommunikation zur Verfügung und ermöglicht Schritt für Schritt wieder eine direkte Kommunikation zwischen den Streitenden. Folgende Phasen werden dabei gewöhnlich durchschritten:

1. Ausgangssituation

Die Streitende können oder wollen nicht mehr direkt miteinander reden. Starke negative Gefühle lassen jeden Kommunikationsversuch scheitern und in einen destruktiven Streit ausarten.

2. Beginn des Mediationsgesprächs

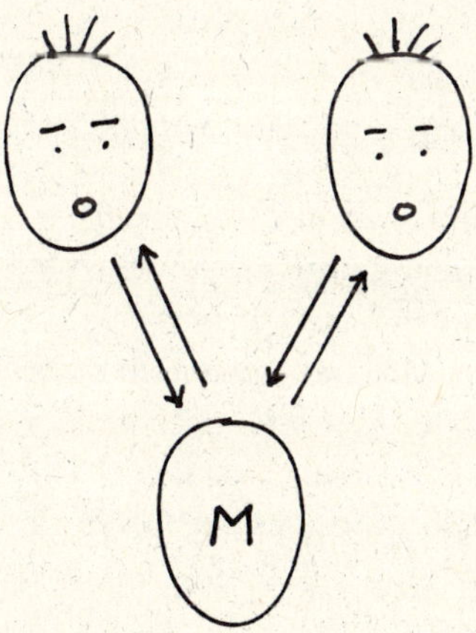

Die MediatorIn wendet sich den Streitenden zu, informiert sie über den Mediationsprozeß, schafft eine vertrauensvolle Atmosphäre und läßt sich den Streithergang von den Beteiligten erzählen.

Gegenüber der neutralen und akzeptierten vermittelnden Person läßt sich die Geschichte zusammenhängend und ohne größere Ausfälligkeiten (welche die MediatorIn durch Umformulieren "neutralisiert") schildern. Unterbrechungen und eskalierende Einwürfe der Gegenseite können weitgehend ausgeschaltet werden, da die KontrahentInnen nicht direkt in das Gespräch einbezogen werden, sondern lediglich zuhören sollen.

Die erzählende Person wird emotional entlastet, während die zuhörenden Personen einiges Neues erfahren können.

3. Schrittweise direkte Kommunikation herstellen

Die MediatorIn ermöglicht erste nichtverletzende Direktkontakte, indem sie Gelegenheit zu klärenden Rückfragen gibt und wichtige Kernsätze zum Verständnis der anderen Person "spiegeln" läßt. Durch Anleitung und Vorbild der MediatorIn lernen die KontrahentInnen, wie sie aktiv zuhören und das Gehörte nichtwertend wiedergebenen können. Das Vertrauen kann dadurch wiedergewonnen werden.

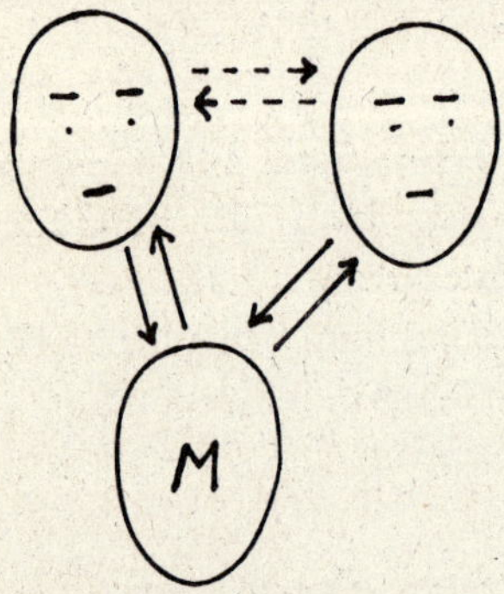

4. Zunehmende Direktgespräche

Je mehr die Hintergründe eines Streits erhellt werden, desto mehr Verständnis für die KontrahentInnen ist möglich. Unter Anleitung und Hilfestellung durch die MediatorIn kann das direkte Gespräch in fruchtbarer Weise geführt werden.

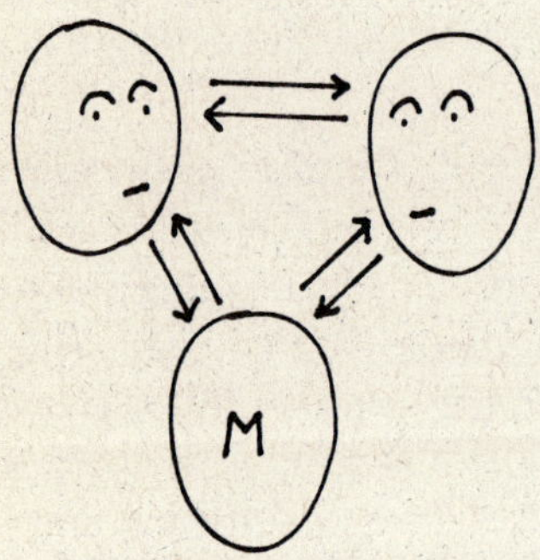

5. Seite an Seite nach Lösungen suchen

Aus dem "unversöhnlichen Streit" ist ein "gemeinsames Problem" geworden, das nun auch gemeinsam gelöst werden soll. Anstatt gegcncinander wird nun Seite an Seite miteinander nach einer Lösung gesucht. Die MediatorIn gibt nur noch methodische Hilfestellung und läßt das Gespräch zunehmend zwischen den KonfliktpartnerInnen stattfinden. Die Zusammenarbeit zum gegenseitigen Nutzen führt zu neuen positiven Gefühlen und festigt die Vertrauensbasis.

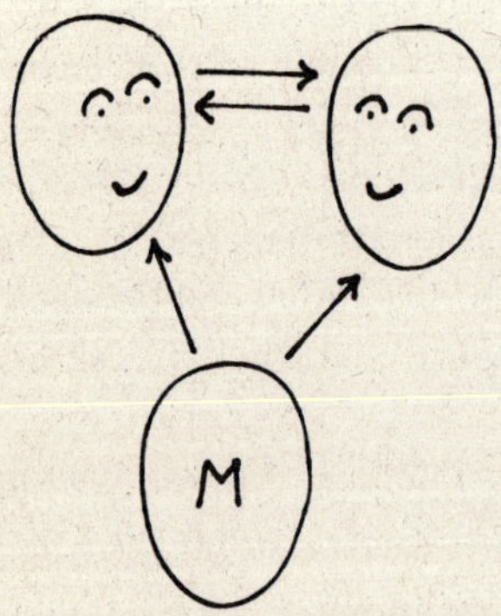

6. Ohne fremde Hilfe wieder miteinander auskommen

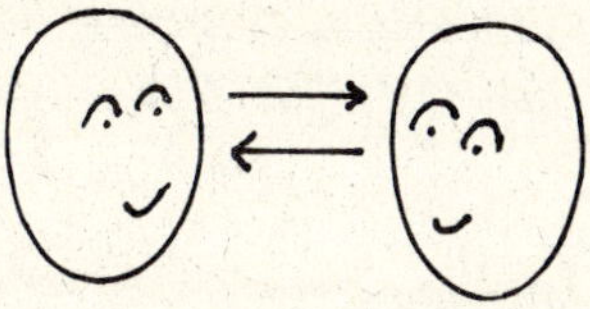

Wenn eine Vereinbarung getroffen wurde, zieht sich die MediatorIn wieder zurück. Die Grundlage für ein künftig vertrauensvolleres Zusammenleben oder Zusammenarbeiten ist gelegt. (Oder die KontrahentInnen trennen sich - ohne Haß und mit Absprachen bzgl. gemeinsamer Belange.)

Lediglich zur Vergewissserung, ob die Vereinbarungen geholfen haben, bzw. zur Korrektur derselben, tritt die MediatorIn nochmals in Erscheinung.

(Bilder in Anlehnung an Community Board, San Francisco.)

Natürlich unterscheidet sich dieser Ablauf je nach Art des Konfliktes, dem Verhalten der beteiligten Personen und der Entwicklung des Mediationsprozesses. Als Grundregel kann angesehen werden, daß die KontrahentInnen umso mehr auseinandergehalten werden und der Austausch über die MediatorInnen läuft, je destruktiver die direkte Kommunikation zwischen den Streitenden abläuft. Und umgekehrt: je positiver die Streitenden den direkten Austausch gestalten können, desto mehr entfällt die "Ersatzbrücke" der MediatorInnen

Die Vorphase

Je nach Art des Konflikts kommt den Aktivitäten im Vorfeld der eigentlichen Mediation eine größere oder geringere Bedeutung zu. Zahlreiche Streitfälle können auch schon in der Phase der "Vor-Mediation" beigelegt werden.

Kontaktaufnahme und Motivierung

Die günstigste Ausgangssituation für eine Mediation ist es, wenn sich die Konfliktparteien gemeinsam mit der Bitte um Vermittlung an die MediatorInnen bzw. an eine zwischengeschaltete Person oder Einrichtung wenden. Dann ist sichergestellt, daß die Vermittlungstätigkeit auch wirklich gewünscht wird, also eine geeignete Motivation vorhanden ist.

Dies dürfte allerdings der Ausnahmefall sein. "Normalerweise" wird die Aktivität von einer Konfliktpartei ausgehen. Dann ergibt sich die Aufgabe für die MediatorInnen, die übrigen Konfliktbeteiligten zur Teilnahme einzuladen und zu motivieren.

Beim gegenwärtigen Stand der Dinge in Deutschland, daß Mediation nämlich hier noch weitgehend unbekannt ist, wird eine dritte Variation die wahrscheinlichste, wenn auch nicht die günstigste sein: die MediatorInnen bieten den Streitparteien ihre Dienste selber an, bzw. der Kontakt wird über Dritte hergestellt. Dann kann allerdings nicht unbedingt davon ausgegangen werden, daß die Streitenden eine Mediation wirklich wollen.

Wie bekomme ich die Konfliktparteien an einen Tisch (wenn es denn ein Tisch sein sollte, um den man sich versammelt)? Die Konfliktparteien zur Teilnahme zu motivieren, kann unter Umständen zu einem der schwierigsten Probleme des Mediationsverfahrens werden.

Problematisch kann es sein, wenn die Aufforderung zum Mediationsgespräch von den KontrahentInnen selbst kommt. Die Angesprochenen könnten dahinter einen Trick oder eine unvorteilhafte Sache für sich vermuten und von vornherein ablehnen. Die Einladung sollte über die MediatorInnen oder Dritte ausgesprochen werden. Schon bei diesem ersten Kontakt zeigt sich, wie wichtig es ist, daß die VermittlerInnen für alle Konfliktbeteiligten vertrauenswürdige Personen sind. Sie sollten den Sinn, den Ablauf und die Vorzüge des Mediationsverfahrens in verständlicher Weise darstellen. Dies und die Aussicht, daß es selbst bei einem Scheitern nichts zu verlieren gibt, wird manche Skepsis überwinden helfen.

Eine Mediation kann auch eingeleitet werden, indem die MediatorInnen zunächst mit einer Konfliktpartei über den Streit reden und ihr Vertrauen erwerben. Nach Abschluß dieses Gespräches kündigen sie an, daß sie sich demnächst mit der anderen Seite treffen werden, und fragen ihre GesprächspartnerInnen, ob sie dort irgendetwas für sie tun könnten. Diese werden möglicherweise aus Neugier, oder um bestimmte Informationen zu bekommen, Interesse an diesem Treffen und an einer Rückmeldung bekunden. Damit sind die ersten Schritte in die Mediation getan. Aus der "Shuttle"-Mediation kann sich später ein direktes Zusammentreffen der Konfliktbeteiligten ergeben. (1)

Alles "gute Zureden" und geschicktes Vorgehen werden aber auch dann nichts nützen, wenn die Einsicht fehlt oder der Leidensdruck noch nicht auf ein unerträgliches Maß angestiegen ist. Es wäre eher schädlich, die Konfliktparteien in eine Mediation hineinzudrängen. Die Zeit dafür muß "reif" sein!

---

1) Vgl. Adam Curle, In the Middle. Non-Official Mediation in Violent Situations, Berg Publishers, Leamington Spa - Hamburg - New York 1986, S. 16f.

Dennoch kann unter bestimmten Umständen ein gewisser Druck, sich zu einigen, das kleinere Übel sein: wenn sonst keine Lösung oder eine Lösung mit unannehmbaren Mitteln die Alternative wäre. Dieser Druck kann von seiten der MediatorInnen vor allem dann ausgeübt werden, wenn sie selber eine Machtposition gegenüber den Streitenden innehaben (z.B. ChefIn, VertreterIn einer Großmacht); oder wenn ansonsten ein reguläres Gerichtsverfahren droht.

Muster eines Einladungs-Briefes an KontrahentInnen

Liebe(r) ....!

Ihr Nachbar, ..., hat Kontakt mit uns aufgenommen wegen einiger Probleme, die zwischen ihm und Ihrer Familie entstanden sind. Er möchte diese Dinge gerne klären.

Unsere Einrichtung kann mit Ihnen dabei als neutrale Dritte zusammenarbeiten. Wir würden weder für Sie noch für Ihren Nachbarn Partei ergreifen, sondern Ihnen helfen, eine Lösung zu finden, die Sie beide als fair empfinden. Wir könnten ein Treffen arrangieren, an dem Sie und Ihr Nachbar sowie zwei unserer MediatorInnen zusammenkommen. Jede(r) von Ihnen würde die Gelegenheit haben, über seine/ihre Probleme aus der eigenen Sichtweise zu reden und dann eine Übereinkunft zu erarbeiten, an die Sie sich freiwillig halten würden.
Ein solches Treffen könnte in Ihrer Nähe und zu einem Zeitpunkt stattfinden, der sich mit Ihrer Arbeit oder anderen Verpflichtungen vereinbaren läßt.
Ich lege Ihnen ein Informationsheft bei, das unser Mediations-Programm näher beschreibt.

Wenn Sie mich unter der Nummer ...... anrufen, können wir uns über die näheren Umstände unterhalten und prüfen, inwieweit unsere Einrichtung Ihnen behilflich sein kann.
Ich würde mich freuen, von Ihnen zu hören!

Mit freundlichem Gruß

(Nach einer Vorlage aus: Jennifer E. Beer / Friends Conflict Resolution Programs, Peacemaking in Your Neighborhood. Mediator's Handbook, Fourth revision, Philadelphia 1990, S. 15.)

Vorbereitung

Ist eine grundsätzliche Bereitschaft vorhanden, sich auf die Mediation einzulassen, sollten sich die MediatorInnen gründlich darauf vorbereiten. Dazu gehören zunächst einmal Informationen über den Konflikt. Es hat zwar auch seine Vorzüge, "unvorbelastet" die Sorgen und Nöte der Streitenden anzuhören und "dumme Fragen" zu stellen, die scheinbar Selbstverständliches wieder ins Wanken bringen können. Besonders bei politischen Konflikten kann es von Nachteil sein, wenn man von dem Konflikt keine Ahnung hat, als inkompetent erscheint und nicht die Fragen stellen kann, die wirklich weiterhelfen. Geht es um Sach- und Rechtsfragen, können vor, nach oder während der Mediationssitzungen Fachleute hinzugezogen werden. Das MediatorInnen-Team kann sich jedoch auch selbst aus ExpertInnen für die verschiedenen Sachgebiete zusammensetzen. Bei juristischen Auskünften müssen allerdings die Vorschriften des Rechtsberatungsgesetzes beachtet werden. (2)

Die Frage, wer die Mediation durchführt und welches Vorgehen am sinnvollsten ist, klärt man am besten auch schon in der Vorbereitungsphase.

Konfliktberatung

Ebenso, wie sich die MediatorInnen selber vorbereiten, kann es auch ratsam sein, die Konfliktparteien vorzubereiten: Bei einfacheren Konflikten kann dazu eine Einführung und Einübung in hilfreiche Gesprächsmethoden (Spiegeln, Ich-Botschaften, TZI-Regeln) sinnvoll sein. In schwierigeren Konflikten können eine regelrechte Konfliktberatung und Hilfestellungen für den Gruppenprozeß dazukommen: Um ein späteres Umschwenken zu verhindern, sollten sich die Konfliktparteien von vornherein genau überlegen, welche Form der Konfliktaustragung sie wählen wollen. Es muß deutlich gemacht werden, daß Mediation nur **eine** Möglichkeit unter anderen ist.

Wenn andere Wege für sie erfolgversprechender oder nützlicher erscheinen, sollten sie diese auch einschlagen. Allerdings ist es ratsam, vorher auch gründlich alle Folgen abzuwägen: Wenn z.B. eine Stadtverwaltung den Bau eines umstrittenen Projektes ohne weiteres durchsetzen könnte, sollte sie jedoch auch die politischen Kosten, die mögliche zeitliche Verzögerung durch Prozesse und die finanziellen Kosten dieser Verzögerung in ihre Überlegungen miteinbeziehen.

---

2) Vgl. Gisela Mähler & Hans-Georg Mähler, Das Verhältnis von Mediation und richterlicher Entscheidung. Eine rechtliche Standortbestimmung, S. 165ff, in: Heiner Krabbe (Hg.), Scheidung ohne Richter. Neue Lösungen für Trennungskonflikte, Reinbek 1991, S. 148-169.

Die MediatorInnen können den Konfliktparteien helfen, ihre Interessen zu bestimmen und einen geeigneten Weg der Interessensdurchsetzung zu finden. Falls sie dadurch Interessen zum Durchbruch verhelfen würden, die sie nicht gutheißen können, müßten sie an dieser Stelle ihre Dienste einstellen.

Ist in dieser Phase geklärt worden, daß die Teilnahme an einer Mediation der vorteilhafteste Weg für die Streitenden ist, wird dadurch später die Gefahr vermindert, daß Konfliktparteien sich gegenseitig unter Druck setzen, indem sie mit dem Abbruch der Verhandlungen drohen, oder daß sie es durch eine rigide Haltung zu einem Abbruch kommen lassen.

Um bei Konflikten zwischen verschiedenen Gruppierungen ein wirksames Mediationsverfahren gewährleisten zu können, ist es notwendig, daß die Gruppen geeignete RepräsentantInnen für die Verhandlungen benennen, daß diese den Gruppenkonsens vertreten und eine klar umrissene Entscheidungskompetenz haben und daß es Wege der Information und Rückkopplung zu den anderen Gruppenmitgliedern gibt. Die MediatorInnen unterstützen sie dabei, diesen Anforderungen gerecht zu werden. Sie können bei der Auswahl der VertreterInnen behilflich sein, indem sie Kriterien nennen, die für den Mediationsprozeß geeignete GesprächsteilnehmerInnen erfüllen sollten. Oft wird es auch nötig sein, daß die Gruppen sich erst einmal eine Struktur geben und lernen, Konsensentscheidungen zu treffen.

All diese gruppenberatenden Aufgaben können durchaus von anderen Personen durchgeführt werden als den MediatorInnen. Diese Personen können den Gruppen auch während des Mediationsprozesses als KonfliktberaterInnen, die auch parteilich sein dürfen, zur Seite stehen.

Einleitung des Mediationsgesprächs

Kommt ein Gesprächstermin mit den Streitenden zustande, gibt es eine Reihe von Dingen, welche die MediatorInnen beachten sollten, bevor sie mit der eigentlichen Konfliktbearbeitung beginnen. Denn Fehler in der Einleitungsphase können den gesamten Verlauf negativ beeinflussen. In der Einleitungsphase wird das Fundament für den weiteren Gesprächsverlauf gelegt!

Gute Atmosphäre schaffen

Die KontrahentInnen werden an einen Ort eingeladen, der nicht unmittelbar mit dem Konflikt verbunden ist. Wenn es sich z.B. um einen Konflikt in einem Betrieb handelt, dann nicht in das Büro oder den Arbeitsraum eines der Beteiligten. Das Gespräch sollte in einer relativ entspannten Umgebung stattfinden, in der die TeilnehmerInnen nicht ständig an die negativen Aspekte des Streits erinnert werden, sondern sich für neue Gedanken öffnen können.

Der Raum wird so gestaltet und eingerichtet, daß er als angenehm empfunden wird, was je nach Zielgruppe etwas anders aussehen kann. Zur Raumgestaltung gehört auch die Sitzordnung. Sie sollte so gewählt sein, daß dadurch die Gleichwertigkeit der KontrahentInnen zum Ausdruck kommt. Die TeilnehmerInnen sollten sich gegenseitig und die MediatorInnen gut sehen können. Vor allem in der Problemlösungsphase ist ein ungehinderter Blick auf eine Wandzeitung, Tafel o.ä. vorteilhaft.

Die Konfliktparteien sollten nicht zu nah (Gefahr von Handgreiflichkeiten, Störung der Intimsphäre) , aber auch nicht zu weit voneinander entfernt sitzen. Ein Tisch kann gute Dienste als "Sicherheits-Barriere" und Arbeitsfläche leisten. Blumen, Getränke etc. können nach Geschmack das äußere Bild ergänzen.

Wichtig sind jedoch vor allem das Verhalten und die ersten Worte der MediatorInnen. Ihnen sollte es gelingen, von vornherein eine angstfreie, vertrauensvolle und kooperative Atmosphäre zu schaffen. Dazu sind oft auch die kleinen Dinge von Bedeutung, etwa anerkennende Worte, daß sie alle zu der Mediation gekommen sind.
Auch die folgenden Schritte eignen sich für den Aufbau von Vertrauen.

Vorstellung

Die MediatorInnen stellen sich und - falls nicht überflüssig - die KontrahentInnen untereinander vor. Bei dieser Vorstellung sollten die MediatorInnen neben ihrem Namen, ihrem Beruf und ihren fachlichen Qualifikationen bzw. Vorerfahrungen auch Persönliches von sich erwähnen (Familienstand, Kinder, Anknüpfungen verschiedener Art), so daß auch die Streitparteien ermutigt werden, Persönliches von sich zu erzählen.

Bisheriger Stand der Dinge

Um den Eindruck zu vermeiden, daß die MediatorInnen mit einer Seite schon im voraus etwas "ausgeklüngelt" haben, stellen diese den Verlauf von der ersten Kontaktaufnahme bis zum jetzigen Zeitpunkt dar und benennen die Informationen, die sie bekommen haben. Die Streitparteien haben das Recht auf gleiche Ausgangsvoraussetzungen, keine Seite darf von den MediatorInnen begünstigt werden!

Bestätigung bzw. Korrektur und Erwartungen

Um eventuell einseitige oder falsche Informationen korrigieren zu können, fragen die MediatorInnen die Streitparteien, ob die Angaben richtig waren bzw. ob sie irgendetwas richtigstellen wollen. Auch dadurch können sie ihre Unparteilichkeit und Vertrauenswürdigkeit unter Beweis stellen.

Eventuell ist es an dieser Stelle auch ratsam, nach den Erwartungen der MediationsteilnehmerInnen zu fragen. Falls unrealistische Erwartungen mitgebracht wurden, kann dies im nächsten Schritt deutlich gemacht werden:

Erklärung des Mediationsverfahrens

Auch wenn dies bereits in der Vorphase geschehen ist, sollten das Mediationsverfahren, die Rolle der MediatorInnen und die Grundregeln noch einmal beschrieben werden. Die KontrahentInnen müssen genau wissen, was auf sie zukommt und worauf es ankommt. Außerdem gilt auch hier die Regel, daß alle Seiten die gleichen Informationen bekommen und das auch bewußt wahrnehmen sollen.

Der <u>Ablauf der Mediation</u> sollte in groben Zügen und nicht in allen Einzelheiten erläutert werden. Wichtig ist, daß den KontrahentInnen selber einigermaßen klar ist, wann was "dran ist", z.B. wann der richtige Zeitpunkt ist, Lösungsvorschläge zu präsentieren. Die MediatorInnen erklären, daß sie über diesen Ablauf wachen und - falls nötig - auch eingreifen werden, um etwas auf später zu verschieben. Durch eine solche Vorankündigung, sind die TeilnehmerInnen schon "vorgewarnt", so daß eine derartige Intervention dann auch auf Verständnis stößt.

Ebenfalls sinnvoll ist die Vorankündigung möglicher getrennter Einzelgespräche: Wenn die MediatorInnen es für sinnvoll erachten oder wenn eine Konfliktpartei es wünscht, kann die gemeinsame Sitzung unterbrochen werden, um ein solches Gespräch unter vier Augen zu führen (vgl. S. 119). Wird diese Möglichkeit schon an dieser Stelle erwähnt und begründet, verliert das Eintreten dieses Falles an Schärfe, und die TeilnehmerInnen werden dadurch nicht verunsichert oder argwöhnisch.

Zur Rolle der MediatorInnen sollte auf jeden Fall klargestellt werden,
- daß nicht sie den Konflikt lösen werden, sondern daß das die Aufgabe der Konfliktbeteiligten selber sein wird;
- daß sie für das Verfahren verantwortlich sind, nicht für den Inhalt der Konfliktlösung;
- daß sie mit den Äußerungen der GesprächsteilnehmerInnen vertraulich umgehen werden, falls nicht anders vereinbart;
- daß sie nicht werten oder urteilen und auch nicht Partei ergreifen werden.

Unverzichtbare Grundregeln sind:
- Die andere Seite ausreden lassen und währenddessen aufmerksam zuhören!
- Keine beleidigende Sprache oder gar tätliche Übergriffe!
- Die MediatorInnen achten auf die Einhaltung der Grundregeln und auf den Prozeß: falls erforderlich, greifen sie ein und können dabei durchaus auch unterbrechen!

Weitere Regeln können gemeinsam vereinbart werden, z.B. was die Vertraulichkeit oder den Umgang mit der Presse angeht.

All diese Informationen zum Mediationsprozeß können zusätzlich auf einem Informationsblatt (vgl. Teil 1: Das Wichtigste in Kürze) zusammengestellt und den Mediations-TeilnehmerInnen ausgehändigt werden. Damit die Grundregeln im Eifer des Gefechtes nicht vergessen werden, können sie gut sichtbar ausgelegt oder aufgehängt werden.

Offene Fragen

Nach diesen längeren Ausführungen von seiten der MediatorInnen, während deren die Konfliktparteien sich langsam in die Situation einfinden konnten, sind diese nun an der Reihe: Sie sollen alle offenen Fragen zur Sprache bringen, damit sie geklärt werden.

Bereitschaft bzw. Widerstände

Ein wichtiger Abschluß dieser Phase ist es, daß die Streitparteien ihre Bereitschaft erklären, daß sie sich auf das beschriebene Verfahren und die Regeln einlassen wollen. Dazu wird jede und jeder Anwesende einzeln befragt. Dieses persönliche Aussprechen der Bereitschaft fördert die Verbindlichkeit, mit der sich die Personen dann auch tatsächlich daran halten.

Sind noch Bedenken oder Widerstände vorhanden, so dürfen diese nicht einfach beiseite geschoben oder "wegargumentiert" werden. Durch aktives Zuhören kann deutlich gemacht werden, daß diese Bedenken tatsächlich gehört und ernstgenommen werden. Schon das kann ausreichen, daß sie sich verflüchtigen. Weiterhin können auch Vereinbarungen getroffen werden, die geeignet sind, die Bedenken abzuschwächen oder auszuräumen.

Geschäftliches und Organisatorisches

Falls es sich um eine Mediation handelt, die bezahlt werden muß, werden spätestens jetzt die geschäftlichen Einzelheiten geklärt. Selbstverständlich sollten die Beteiligten schon vorher informiert worden sein, daß es sich nicht um eine kostenlose Dienstleistung handelt, wenn dies der Fall ist.

Des weiteren gibt es auch organisatorische Dinge zu regeln, wie etwa die Dauer, die Anzahl und die Termine der Sitzungen, wann Pausen gemacht werden, wie es mit dem Rauchen gehandhabt wird.

Falls eine Ton- oder Videoaufnahme - zur Nachbereitung der MediatorInnen oder für andere Zwecke - vorgesehen ist, muß dies besprochen werden.

Auch das Aufschreiben von Notizen wird angesprochen. Es soll deutlich werden, daß dies nur als Hlfe für die MediatorInnen - zur Erinnerung und Nachbereitung - geschieht, daß davon nichts an die Öffentlichkeit gelangt. Das Mitschreiben sollte aber auf keinen Fall so durchgeführt werden, daß dadurch die Aufmerksamkeit der KontrahentInnen auf bestimmte Aussagen gelenkt wird, bei denen mitgeschrieben wird, während andere Aussagen, die nicht notiert werden, den Schein des Unwichtigen bekommen. Entweder es wird unauffällig und gleichmäßig mitgeschrieben, oder die Co-MediatorIn übernimmt jeweils das Aufschreiben.

Themensammlung und Tagesordnung

Falls es sich um komplexere Konflikte handelt, kann schon an dieser Stelle gesammelt werden, was alles in der Mediation angesprochen und geklärt werden muß und in welcher Reihenfolge. Die Themen können dann auf die einzelnen Sitzungen verteilt werden. Schließlich kann für die aktuelle Sitzung eine Tagesordnung aufgestellt werden.

Beispiel eines Einleitungs-Statements

Guten Tag, ich heiße .... und das ist .... Wir beide werden Ihnen heute als MediatorInnen zur Seite stehen. Wir freuen uns, daß Sie gekommen sind und sich auf dieses Mediationsgespräch einlassen wollen! Sie werden dadurch sicherlich weiterkommen in der Lösung ihrer Probleme! (Nähere Vorstellung der MediatorInnen; evtl. Vorstellung der TeilnehmerInnen)

Wir sind ja von Ihnen, Herr/Frau .... angesprochen worden, um Ihnen bei der Lösung Ihrer Konflikte behilflich zu sein. Es gehe um das Problem .... Daraufhin haben wir an Sie, ..., einen Brief geschrieben und Sie einige Tage später angerufen, um Sie zu diesem Gespräch einzuladen. Sie hatten mir am Telefon gesagt, Sie seien zwar skeptisch, aber wollten mal sehen, ob Sie dieser Weg wirklich weiterbringt. Habe ich das richtig wiedergegeben?

....

Mit welchen Erwartungen sind Sie hierher gekommen?...

Das Ziel einer Mediation ist es, Ihnen dabei zu helfen, Ihren Streitfall zu klären und eine Lösung zu finden, die sie beide voll und ganz unterstützen können. Dazu werden wir uns zunächst den Konflikt von jeder Seite erzählen lassen. Sie beide werden genügend Zeit bekommen, um alles sagen alles können, was Ihnen dazu einfällt und wichtig erscheint. Uns interessieren dabei auch die Gefühle, die Sie bei diesem Streit hatten bzw. haben. Das kann zu einem tieferen Verständnis füreinander führen.

Wer gerade nicht dran ist, soll aufmerksam zuhören und nicht unterbrechen. Er bzw. sie bekommt anschließend selber ausreichend Gelegenheit, die eigene Sichtweise zu erzählen. Damit Sie nichts vergessen, können Sie sich auch Notizen machen.

Anschließend werden wir gemeinsam versuchen, die eigentlichen Interessen von Ihnen herauszuarbeiten sowie die sonstigen Hintergründe, die zum Verständnis des Streits beitragen können.

Danach sollen Sie mögliche Lösungen sammeln, die besten auswählen und sich schließlich auf eine oder mehrere Vorschläge einigen. Diese Übereinkunft wird schriftlich festgehalten und von Ihnen unterzeichnet, so daß Sie auch später noch genau nachprüfen können, was Sie vereinbart haben.

Das Gespräch hier wird in der Regel gemeinsam stattfinden. Es kann jedoch auch sein, daß einmal Einzelgespräche notwendig werden - entweder, weil Sie uns etwas mitteilen wollen, was Sie (noch) nicht offen sagen wollen, oder weil wir es für nötig halten. Bei diesen Privatgesprächen wird nichts "ausgemauschelt", Sie können sich unserer Unparteilichkeit immer sicher sein.

Falls Sie Bedenken bezüglich unserer Unparteilichkeit haben, äußern Sie das bitte, damit wir das besprechen und gemeinsam überlegen können, wie wir damit umgehen.

Unsere Aufgabe als MediatorInnen ist es, Ihnen bei diesem eben vorgestellten Prozeß behilflich zu sein. Wir bitten Sie, uns bei dieser Aufgabe zu unterstützen und Verständnis aufzubringen, wenn wir in diesem Sinne auch eingreifen, bestimmte Sachen auf später verschieben usw. Wir werden allerdings nicht die Lösung für Sie machen, das müssen Sie schon selber tun: denn Sie kennen sich in dem Streit viel besser aus als wir und müssen dann auch mit dem Ergebnis leben. Wir werden auch nicht nach Schuld in der Vergangenheit suchen, irgendwelche Wertungen vornehmen oder Partei für irgendeine Seite ergreifen. Es geht vielmehr darum, daß Sie selber Regelungen für Ihr zukünftiges Zusammenleben finden.

Alles, was Sie hier erzählen, werden wir vertraulich behandeln, sofern wir nichts anderes vereinbaren. Die Notizen, die wir zu unserer eigenen Erinnerung und Nachbereitung anfertigen, werden wir anschließend vernichten.

Wichtig ist uns, daß Sie sich auf zwei unverzichtbare Grundregeln einlassen: "Nicht unterbrechen, wenn der andere dran ist!" und "Keine Beleidigungen!" Es kann natürlich vorkommen, daß man das in der Hitze des Gefechts einmal doch nicht beachtet. Dann werden wir eingreifen und Sie an diese Regeln erinnern. Möchten Sie, daß wir noch weitere Regeln aufgestellen? ...

Haben Sie noch Fragen zum Ablauf, unserer Rolle als MediatorInnen und den Regeln? ...

Wenn nun alles geklärt ist, möchte ich Sie fragen, ob Sie sich auf dieses Verfahren und die Regeln einlassen wollen. Ist das o.k. so, Frau ...? Bei Ihnen auch, Herr ...?

Wie Sie wissen, ist dieses Mediationsgespräch nicht unentgeltlich. Sie werden aber viel dabei sparen, wenn Sie nicht den langwierigen und kostspieligen Rechtsweg einschlagen müssen. Wir werden vermutlich ... Sitzungen benötigen. Die Kosten werden sich also auf ca. ... DM belaufen. etc. (Unterzeichnung des Vertrags).

Wir haben heute bis ... Uhr Zeit. Wann sollen die weiteren Termine stattfinden, und wie lange haben Sie jeweils Zeit? ...

Welchem Thema wollen wir uns heute zunächst widmen? ...

(Überleitung zur nächsten Phase)

Sichtweise der einzelnen Konfliktparteien

An dieser Stelle beginnt die eigentliche Konfliktbearbeitung.

Im ersten Teil reden die Streitparteien noch nicht direkt miteinander, sondern teilen sich zunächst den MediatorInnen mit. Dadurch wird es den Streitenden ermöglicht, ihre Sicht der Dinge zusammenhängend darzustellen. Störende emotionale Interventionen der Gegenseite können dabei eher vermieden werden als im direkten Gespräch zwischen den KontrahentInnen.

Am Anfang können die Konfliktbeteiligten dazu aufgefordert werden, sich zuerst noch einmal zu überlegen, warum sie da sind und was sie vorbringen wollen, und sich dazu evtl. auch Notizen zu machen. Das erleichtert es denjenigen, die erst später dran sind mit dem Erzählen, besser zuzuhören.

Wichtig in dieser Phase ist es, daß die Streitenden ihr Herz ausschütten und sich gefühlsmäßig Luft verschaffen können und daß sowohl die MediatorInnen als auch die anderen Konfliktparteien ein tieferes Verständnis für die Verhaltensweisen der Streitparteien bekommen. Im Dabeisein von unparteiischen Dritten können viele Dinge ans Tageslicht gebracht werden, die bisher nicht ausgesprochen wurden, und die KonfliktpartnerInnen hören vielleicht zum ersten Mal zusammenhängend und vollständig die Sichtweise der anderen.

Sichtweise jeder einzelnen Konfliktpartei

In der Regel erteilen die MediatorInnen zunächst der Person das Wort, welche die Initiative ergriffen hatte und mit dem Problem an die MediatorInnen herangetreten war. Ist allerdings eine andere Konfliktpartei sehr erregt und ungeduldig, wird man besser ihr den Vortritt lassen. Denn in diesem Zustand wird sie es kaum schaffen, der anderen Seite über längere Zeit zuzuhören. Eine weitere Variante ist es, der schwächsten Partei das Wort zuerst zu erteilen, damit sie nicht durch den Redeschwall der stärkeren Seite von Anfang an erdrückt wird.

Denjenigen, die zuhören müssen, wird erläutert, daß sie nun nicht etwa "nichts" zu tun hätten, sondern daß sie eine schwierige Aufgabe vor sich haben: Sie sollen aufmerksam zuhören und sich zurückhalten, wenn Sie etwas zu dem Gesagten spontan äußern wollen. Ihnen kann Schreibzeug hingelegt werden, so daß sie sich Ihre Einwände notfalls notieren können, damit sie sie nicht vergessen. Wenn sie dann an der Reihe sind mit dem Erzählen, können sie ihre Einwände und Richtigstellungen vorbringen.

Die Person, die ihre Sichtweise des Konflikt darstellen soll, wird mit offenen Fragen, also Fragen, die nicht auf eine bestimmte, kurze Antwort hin angelegt sind, angeregt, wirklich alles zu erzählen, was für den Streit von Bedeutung ist. Dabei soll diese Darstellung von den MediatorInnen in keine bestimmte Richtung gelenkt werden, weil sie etwa schon eine bestimmte Hypothese haben und überprüfen wollen. Die Erzählenden werden ermutigt, auch von ihren Gefühlen zu reden, die mit dem Konflikt verbunden sind. Durch aufmerksames, akzeptierendes Zuhören, offenes Fragen und gelegentliches Spiegeln wird der erzählenden Person deutlich gemacht, daß sie gehört und verstanden wird. Am Schluß faßt die MediatorIn die wichtigsten Punkte des Gesagten zusammen und fragt nach, ob die Zusammenfassung richtig und vollständig war. Falls nicht, muß sie korrigiert bzw. ergänzt werden.

Wenn die MediatorInnen spiegeln und zusammenfassen, können sie "Du-Botschaften", wertende Aussagen und Schuldzuweisungen in neutrale, nichtbewertende und nichtverletzende Aussagen umformulieren. Sie können auf diese Weise den Aussagen die Feindseligkeit nehmen und die Aufmerksamkeit auf die Probleme lenken, die es zu lösen gilt.

Falls die Zuhörenden irgendwelche Verständnisfragen haben, können sie diese stellen, damit sie geklärt werden können.

Rückmeldung

Wenn die erzählende Person nichts mehr hinzuzufügen hat, ist die nächste an der Reihe. Diese kann nochmals ganz von vorne beginnen oder mit Reaktionen auf das bisher Gehörte anfangen, bevor sie ihre Sicht der Dinge zusammenhängend darstellt. Die Rückmeldungen können direkt dem bzw. der Betreffenden gegeben werden, sofern das in einer nichtverletzenden Weise geschieht. Die MediatorInnen sind bei dieser direkten Kommunikation behilflich.

Wenn irgendwelche wichtigen Kernsätze fallen, kann die MediatorIn dazu auffordern, diese wichtige Mitteilung noch einmal mit eigenen Worten zu wiederholen (zu spiegeln). Sollte die Zeit für ein direktes Gespräch wegen der angestauten Emotionen noch nicht reif sein, sollte die Kommunikation weiterhin über die MediatorInnen laufen.

Gemeinsamkeiten und Differenzen festhalten

Wenn alle ihre Sichtweise dargestellt haben, fassen die MediatorInnen zunächst die Gemeinsamkeiten zusammen, die den Streitenden vorher vielleicht gar nicht bewußt waren. Diese Gemeinsamkeiten können sie möglichst gut sichtbar auf einen großen Bogen Papier aufschreiben. Die KontrahentInnen sollen merken, daß nicht alles, was die Gegenseite will, den eigenen Vorstellungen und Interessen zuwiderläuft! Danach werden die Streitpunkte, um die es weiterhin geht, gesammelt und ebenfalls schriftlich aufgelistet. An diesen Punkten wird nun weitergearbeitet.

Konflikterhellung / Vertiefung

Es kann sein, daß in der vorhergehenden Phase schon so viel an Hintergrundinteressen und Gefühlen zur Sprache kamen und soviel gegenseitiges Verständnis gewachsen ist, daß die Phase der weiteren Konflikterhellung überflüssig ist. Dann kann sofort mit der Problemlösung weitergemacht werden.

Allerdings kann es auch sein, daß in der ersten Runde nur Fakten genannt wurden. Denn dies allein kann geraume Zeit in Anspruch nehmen!

Die MediatorInnen sollten in der Phase des Erzählens den Gesprächsfluß nicht zu sehr unterbrechen und immer auch ein Auge auf die Zuhörenden werfen, für die ein zu langes Nicht-reden-dürfen vielleicht zu anstrengend wird. Deshalb kann es ratsam sein, daß mit dem Hinterfragen, dem Ausdrücken von Gefühlen und dem In-die-Tiefe-gehen bis zur nächsten Runde gewartet wird.

Oder Gefühle wurden zwar genannt, aber zur Klärung muß an einzelnen Stellen noch weiter nachgehakt und nachgefragt werden. Dann sollte eine Phase der Konflikterhellung durchgeführt werden, um den Konflikt deutlicher zu machen und mehr in die Tiefe zu gehen.

Befragung

Die MediatorInnen sprechen ganz gezielt Punkte an, zu denen sie mehr wissen wollen, bei denen sie tiefere Ursachen vermuten. Um schon bald ein motivierendes Erfolgserlebnis zu erreichen, gehen sie zuerst ein einfaches, aber nicht unbedeutendes Problem an. Wenn allerdings ein ganz dringliches Problem vorhanden ist, sollte mit diesem angefangen werden.

Mit gezielten Fragen und geeigneten Methoden werden die Gefühle, die Interessen und alle anderen wichtigen Hintergründe des Problems erforscht. Dieses Erhellen des Konflikts dient der Selbstklärung der Betroffenen und dem tieferen Verständnis des Konflikts sowie seiner Lösungsmöglichkeiten.

Die Konfliktparteien sollten hier zum Ausdruck bringen können, was sie sich wünschen und wie ihre Idealvorstellung von einer Konfliktlösung aussehen würde. Dabei kommt es zunächst nicht auf die Realisierbarkeit an.

Wichtig ist in dieser Phase, daß spätestens jetzt die direkte Kommunikation zwischen den KontrahentInnen schrittweise wiederhergestellt wird. Dies geschieht am besten dann, wenn es sich um positive Aussagen, um nichtverletzende, Gefühle offenbarende Ich-Botschaften und um Wünsche handelt. Wiederum sollten Kernsätze von der Gegenseite gespiegelt werden, damit sie auch wirklich verstanden und wahrgenommen werden.

Den anderen KontrahentInnen wird Gelegenheit gegeben, sich zu den Gefühlen, Interessen und sonstigen Hintergründen, die offenbart wurden, zu äußern. Idealerweise klärt sich hierbei der Konflikt, und das gegenseitige Verständnis und Vertrauen wachsen.

Problemlösung / Entwurf von Lösungen

In den vorausgegangenen Phasen sollte soviel Verständnis für die Motive und Interessen der Gegenseite aufgekommen sein, daß es für alle Beteiligten möglich ist, ihr Anliegen nicht mehr als Konkurrenzkampf, sondern als gemeinsames Problem zu betrachten. Sie erkennen, daß jede Seite berechtigte Gründe und Interessen für ihr Verhalten hat und daß es darauf ankommt, Lösungen zu finden, die diesen Rechnung tragen. Die Überwindung des Streits kann deshalb in einer gemeinsamen Anstrengung gelingen - viel eher als im Gegeneinander: Je mehr ich mich bemühe, die Anliegen der Gegenseite zu berücksichtigen, desto eher kann ich auch meine Anliegen zur Geltung bringen und Entgegenkommen erwarten. Im Idealfall können die Interessen aller Seiten optimal befriedigt werden, weil sie miteinander vereinbar sind (vgl. Orangen-Beispiel S. 25). Ansonsten müssen Lösungen ausgehandelt werden, die ein Höchstmaß an gegenseitigem Nutzen bringen und fairen Kriterien genügen.

Lösungsmöglichkeiten sammeln

Sofern nicht schon in der vorangegangenen Phase bereits geschehen, zerlegen die MediatorInnen den allgemeinen Konflikt in kleinere, spezifischere Teilprobleme und fangen mit einem leicht zu handhabenden Problem an. Wenn erste Erfolgserlebnisse zu verzeichnen waren, können die schwierigeren

Teilprobleme angegangen werden.

Im Verlauf der Konfliktanalyse wurde unter Umständen bereits eine Reihe von Lösungsrichtungen oder Lösungsmöglichkeiten gefunden. Diese werden noch einmal in Erinnerung gerufen und gegebenenfalls aufgeschrieben. Ungünstig wäre es, wenn man es dabei beließe und sich auf die erstbeste Lösungsmöglichkeit konzentrieren und beschränken würde. Die erste Lösung muß nicht die beste sein! Möglicherweise bleiben durch dieses Vorgehen kreative neue Ideen, die bessere Erfolge bringen, unentdeckt.

Deshalb werden zuerst die Zahl der möglichen Lösungen vergrößert und neue, vielleicht etwas ungewöhnlichere Vorschläge gesammelt. Dazu gibt es geeignete Methoden, die helfen, kreative Phantasie freizusetzen, wie etwa das Brainstorming (vgl. S. 130). Die Frage für das Brainstorming kann allgemein lauten "Welche Ideen für eine Lösung sehe ich?" oder spezieller "Welche Schritte bin ich bereit zu tun, um zu einer Lösung zu kommen?" Wichtig ist, daß diese Ideen zunächst nicht bewertet und auf Brauchbarkeit überprüft werden, sondern sie einfach strömen zu lassen. Ein solches Brainstorming kann gemeinsam an einer Wandzeitung durchgeführt werden, oder jede Person/Gruppe führt es - evtl. räumlich voneinander getrennt - erstmal für sich durch. Die Ergebnisse werden dann zusammengetragen und gemeinsam durchgegangen.

Im Verlauf der Ideensammlung und der anschließenden Ausarbeitung können auch die MediatorInnen Ideen einbringen, wenn sie den Eindruck haben, wichtige Lösungsansätze seien bisher übersehen worden. Dies sollte allerdings in möglichst unaufdringlicher Form geschehen, so daß die Parteien auch die Möglichkeit haben, sie abzulehnen. Die Anregungen könnten z.B. so vorgebracht werden, daß man fragt: "Was wäre, wenn ....?" Eine solche Formulierung bedeutet eine geringere Einflußnahme auf den Entscheidungsprozeß als eine Formulierung wie "Ich schlage Ihnen vor ..."

Bewertung und Auswahl

Wenn verschiedene Lösungsmöglichkeiten und Ideen gesammelt wurden, werden sie nun sortiert und bewertet. Einige unrealistische, nicht-akzeptable Ideen können sofort gestrichen werden, andere sollten erst genauer geprüft werden. Empfehlenswert ist es, wenn nach den positiven Aspekten einer Idee gefragt wird und nach Möglichkeiten, wie sie verbessert werden könnte.

Um den Spielraum für Vereinbarungen zu erweitern, bei denen alle Beteiligten gewinnen, sollten die MediatorInnen gemeinsam mit den GesprächspartnerInnen den "Kuchen" vergrößern, den es zu verteilen gilt. Das heißt z.B., daß über finanzielle Unterstützungs- oder Einsparungsmöglichkeiten aufgeklärt bzw. nachgedacht wird, die die Streitparteien bisher noch nicht genutzt haben.

Erfordern alle Lösungsmöglichkeiten Zugeständnisse der VerhandlungspartnerInnen, kann es eine Hilfe sein, zuerst Kriterien für die Bewertung der Vorschläge zu entwickeln. Diese Kriterien sollten alle Beteiligten als wichtig und fair empfinden. Mit Hilfe dieser Kriterien wird es leichter fallen, diejenigen Lösungsvorschläge herauszufiltern, die für eine Übereinkunft taugen.

Methodisch kann man so vorgehen, daß zuerst die Verpflichtungen, die alle Parteien eingehen müssen, aufgelistet werden und dann die Verpflichtungen, die nur einzelne betreffen. Niemand sollte zu Zugeständnissen gedrängt werden, da es sonst fraglich ist, ob die Vereinbarungen später wirklich eingehalten werden.

Gestaltet sich das Aushandeln einer Übereinkunft schwierig, kann die "Verhandlungsmasse" entweder eingeschränkt oder ausgedehnt werden: in beiden Fällen kann die Einigung erleichtert werden - entweder weil schwierige Details oder Kopplungen an andere Fragen zunächst ausgeklammert bleiben oder weil durch die Einbeziehung weiterer Bereiche eine Einigung und ggf. Zugeständnisse attraktiver werden. Andere Möglichkeiten sind, die Reichweite oder den Wirkungsgrad der Problemlösungen zu verändern und dadurch wieder Fluß in die Verhandlungen zu bringen.

Mögliche Reichweiten bzw. Wirkungsgrade sind: (3)

Sachliche Einigung .... Einigung über das Verfahren
Dauerhafte Einigung .... Vorläufige Einigung
Umfassende Einigung .... Partielle Einigung
Einigung im Detail .... Prinzipielle Einigung
Bedingungslose Einigung .... Bedingte Einigung
Bindende Einigung .... Nichtbindende Einigung
Erstrangige Einigung .... Nachrangige Einigung

---

3) Nach Roger Fisher & William Ury, Das Harvard-Konzept. Sachgerecht verhandeln - erfolgreich verhandeln, Frankfurt/Main, New York 1991, S. 104.

Ausarbeitung

Die in die engere Auswahl gefallenen Lösungsmöglichkeiten werden nun genauer überprüft und ausgearbeitet. Dazu kann es erforderlich sein, zusätzliche Informationen einzuholen und/oder Fachleute zu den Beratungen hinzuzuziehen.
Können sich die Streitenden nur schwer auf eine gemeinsame Lösung einigen und/oder sind mehrere Parteien an der Lösungssuche beteiligt, kann das "Ein-Text-Verfahren" (vgl. S. 132) gute Dienste leisten: Die MediatorInnen schlagen einen Text vor, der Schritt für Schritt aufgrund der Bedenken und Vorschläge der KontrahentInnen verändert und ausgearbeitet wird.

Vier Kriterien für gute Verhandlungsergebnisse

Verhandlungen - mit oder ohne Hilfe von außen - sind nur dann eine qualitativ bessere Problemlösung als weniger freiheitliche Ansätze, wenn das Verhandlungsergebnis vier Bedingungen erfüllt:
Die Problemlösung muß **fair**, **effizient**, **vernünftig** und **stabil** sein.

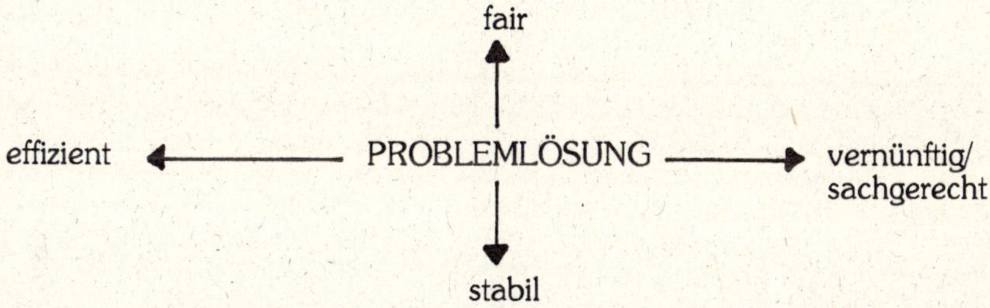

<u>Fair</u>

Die Fairneß kann an verschiedenen Kriterien gemessen werden - zum Beispiel, ob alle vom Problem Betroffenen die Möglichkeit hatten, an der Problemlösung mitzuarbeiten; oder ob alle Beteiligten die gleichen Chancen im Verhandlungsprozeß hatten usw.
Das einfachste, umfassendste und vernünftigste Kriterium ist allerdings die "Faustregel": *Ein Verfahren ist fair, wenn es von den Betroffenen und Beteiligten als fair empfunden wird.* Einen besseren, "objektiveren" Maßstab gibt es kaum, da alle von außen angelegten Maßstäbe dem realen Erleben der Beteiligten nicht annähernd so gerecht werden können.

<u>Effizient</u>

Die Effizienz eines Verhandlungsergebnisses bezieht sich zunächst auf den Aufwand an Zeit und Kosten, der für die Problemlösung aufgebracht werden mußte. Übersehen werden darf freilich nicht, daß auch die Kosten und der Zeitaufwand, die nach einer (vermeintlichen) Problemlösung anfallen, miteinbezogen werden müssen. Diese "Folgekosten" sind bei autoritären Alleingängen oft beträchtlich höher als der Aufwand für das etwas aufwendigere, aber zufriedenstellendere Konsensverfahren insgesamt. Oft ist der langsamere Weg der schnellere! Die Effizienz muß aber zusätzlich noch an der Erreichung anderer Ziele gemessen werden, z.B. daß die Problemlösung fair und sachgerecht ist und Bestand hat. Denn eine schnelle, billige Lösung, die die Beziehungen schädigt, nur halbherzig umgesetzt wird, wenig wirksam ist oder nicht lange hält, ist letzten Endes auch nicht effizient.

Vernünftig/sachgerecht

Oft kann erst im nachhinein beurteilt werden, ob Vorhersagen zu den Auswirkungen verschiedener Maßnahmen richtig waren oder nicht. Der Weg, Experten-Gutachten zu den Sachfragen einzuholen, wird zunehmend dadurch diskreditiert, daß die GutachterInnen von einer Konfliktseite beauftragt und bezahlt werden und dementsprechende Ergebnisse liefern. Die Gutachten der anderen Seite sind in entgegengesetzter Richtung tendenziell. Wichtige Informationen, die den eigenen Standpunkt schwächen würden, werden zurückgehalten. Die Expertise der Gegenseite wird angegriffen, wo immer es nur geht, ihre starken Seiten werden nicht gewürdigt. Eine Entscheidungshilfe wird dadurch nicht mehr gegeben. Oft haben die Gutachten beider Seiten recht, nur beziehen sie sich auf verschiedene Fragestellungen und kommen deshalb zu verschiedenen Antworten. So ist es z.B. ein Unterschied, ob gefragt wird, ob ein Austreten giftiger Stoffe aus einer Fabrik wahrscheinlich ist oder ob das Austreten solcher Stoffe ausgeschlossen werden kann. Die Alternative zu solch konkurrierenden Expertisen ist der Problemlösungsansatz konsensorientierter Konfliktlösung: Die verhandelnden Parteien versuchen nicht, ihre (gegensätzlichen) Positionen durch (gegensätzliche) Gutachten zu erhärten, sondern suchen sachgerechte Lösungen für berechtigte Interessen und auftauchende Probleme. Da diese Lösungen im Interesse aller Beteiligten sind, legen sie auch gemeinsam Wert auf die qualifizierteste Lösung. So können unterschiedliche GutachterInnen dazu gebracht werden, zu kooperieren und gemeinsame, bessere Lösungen zu erarbeiten.

Stabil

Ein Abkommen, das nicht akzeptiert und eingehalten wird, ist nichts wert, auch wenn es fair, effizient und sachgerecht ist. Deshalb muß von Anfang an darauf geachtet werden, daß alle Betroffenen, auch wenn sie nicht direkt an den Verhandlungen teilnehmen, sondern nur über gewählte VertreterInnen, ständig über den Fortgang der Gespräche informiert werden, ihre Bedenken und Lösungsvorschläge einbringen und letztendlich dem Verhandlungsergebnis befriedigt zustimmen können. Auch ist es nicht sinnvoll, von anderen VerhandlungsteilnehmerInnen unrealistische Zugeständnisse abringen zu wollen, die sie später nicht umsetzen können oder wollen. Sollten sich alle Beteiligten - z.B. in einer Art Abschluß-Euphorie - über die realistischen Grenzen einer Vereinbarung täuschen, können die vermittelnden Dritten einschreiten und klärende Fragen stellen. Zur Stabilität gehört auch, daß Teile des ausgehandelten Vertrags, die sich als unbrauchbar, undurchführbar oder aufgrund veränderter Umstände als unzumutbar herausgestellt haben, neu verhandelt werden können. Ansonsten kann bald das ganze Abkommen in Mitleidenschaft gezogen werden. Die Umsetzung der Vereinbarungen sollte überprüft und überwacht werden. Die größte Garantie für die Stabilität der Konfliktlösung ist jedoch eine gute Beziehung untereinander.

(Nach Lawrence Susskind & Jeffrey Cruikshank, Breaking the Impasse. Consensual Approaches to Resolving Disputes, New York 1987, S. 21.)

Übereinkunft

Die Phase, in der mögliche Lösungen entworfen und ausgestaltet werden, geht nahtlos über in die Phase, in der eine Übereinkunft getroffen wird und der Streit zu einem Abschluß kommt.

Einigung / Übereinkunft formulieren

Wichtig ist es für die MediatorInnen und die Streitparteien, daß sie nicht eine Kompromiß-, sondern eine Konsens-Lösung finden wollen. Die Lösung soll nicht gleiche Nachteile für alle Seiten, sondern möglichst viele Vorteile für alle bringen. Sie muß nicht die Mitte der ursprünglichen Positionen sein, sondern kann auf einer ganz neuen Ebene liegen.

Wenn die TeilnehmerInnen zu schnell auf eine Lösung zusteuern, stellen die MediatorInnen Kontrollfragen, damit keine Scheinlösungen fabriziert werden:

- Sind andere Möglichkeiten ausreichend geprüft worden?
- Werden dadurch wirklich die Probleme gelöst?
- Wurden die Konsequenzen des Lösungsvorschlags ausreichend bedacht?
- Wird die Lösung in der Realität funktionieren?
- Wollen alle auch wirklich diesen Plan ausführen?

Sobald eine endgültige Einigung über das Lösungspaket erzielt wurde, schreiben die MediatorInnen die Übereinkunft auf. Sie sollten dabei die Sprache und die Begriffe der Konfliktparteien verwenden und gemeinsam mit ihnen den Vertrag formulieren.

Das Aufschreiben der Übereinkunft klärt, ob wirklich alles gleich aufgefaßt wurde oder ob es noch unterschiedliche Vorstellungen über die vereinbarte Lösung gibt. Der "Vertrag" - ob rechtskräftig oder nur als Willensbekundung - dient als "Erinnerungsstütze" für die Phase der Durchführung und für eine spätere Auswertung.

Umsetzung, Kontrolle und Umgang mit künftigen Problemen

Die Übereinkunft sollte nicht nur allgemeine Absichtsbekundungen der Beteiligten enthalten. Es sollte vielmehr genau geklärt werden, was jede Partei im einzelnen zu tun hat, in welcher Form, bis wann etc., und wie die Einhaltung der Versprechungen gegebenenfalls überprüft werden kann.

Da sich Rahmenbedingungen ändern oder gewisse Teile des Vertrags als unzulänglich erweisen können, müssen Regelungen vereinbart werden, wie mit solchen Problemen umgegangen wird. Sinnvoll ist auf jeden Fall - auch als Erfolgskontrolle für die MediatorInnen - ein Nachfolgetreffen oder zumindest eine telefonische oder schriftliche Auskunft, ob die Vereinbarungen wirklich den Konflikt lösen konnten. Dafür sollte ein Zeitpunkt festgelegt werden.

Bei dem Auswertungstreffen können Probleme, die sich bei der Umsetzung der Vereinbarungen ergeben haben, angesprochen und evtl. gelöst werden. Handelt es sich um schwerwiegendere Probleme oder soll der ganze Vertrag neu verhandelt werden, kann ein Termin für ein Nachverhandlungs-Treffen ausgemacht werden.

Unterzeichnung und Abschluß

Wurde die Übereinkunft in dieser Weise aufgeschrieben und vervollständigt, wird sie zusammenhängend noch einmal vorgelesen und von den TeilnehmerInnen unterzeichnet. Die Konfliktbeteiligten und die MediatorInnen erhalten jeweils ein Exemplar des Vertrags. Soll die Übereinkunft ein rechtlich verbindlicher Vertrag sein, muß sie notariell oder rechtsanwaltlich in die entsprechende Form gebracht werden.

Zum Abschluß gratulieren die MediatorInnen den TeilnehmerInnen zu ihrer Konfliktlösung, wünschen ihnen alles Gute für die Umsetzung und bieten sich für weitere Hilfe an. Die versöhnten KontrahentInnen bekunden mit einer symbolischen Geste den Abschluß ihres Streites. Dies kann mit einem Händedruck geschehen, mit einem versöhnlichen Wort, einem Glas Sekt o.a.

Wie sollte eine Übereinkunft formuliert sein? (4)

- Benütze eine klare, einfache Sprache!
- Sei spezifisch!
  Keine schwammigen Begriffe! ("*bald*", *vernünftig*", "*oft*")
  Details angeben! *(Wo? Wie groß? Wieviel? ...)*
- Mache genaue Zeitangaben!
  Bis wann soll was gemacht werden?
- Sei ausgewogen!
  Alle sollten in etwa gleichviel Verpflichtungen übernehmen!
  Die Handlung einer Person sollte nicht von der einer anderen abhängig gemacht werden!
  (Nicht "*A macht ..., wenn B ...*", sondern "*A macht ..., B macht ...*"
- Benütze eine "positive" Sprache!
  nicht "*A hört auf mit ...*", sondern "*A wird ... tun*"
  nicht "*B muß ...*", sondern "*B ist bereit, ... zu tun*"

4) Nach Jennifer E. Beer / Friends Conflict Resolution Programs, Peacemaking in Your Neighborhood. Mediator's Handbook, Fourth revision, Philadelphia 1990, S. 51f.

Umsetzungsphase

In dieser Phase zeigt sich, ob die Übereinkunft tatsächlich geeignet ist, die Probleme zu lösen.

Zum vereinbarten Zeitpunkt treffen sich die TeilnehmerInnen an der Mediation und berichten, wie es mit der Umsetzung geklappt hat. Falls nötig und gewünscht, wird ein neuer Mediationstermin anberaumt, um neu aufgetretene Probleme zu bearbeiten oder die Übereinkunft neu zu gestalten.

Aufgaben der MediatorInnen

Die Aufgaben der MediatorInnen lassen sich grob in zwei Hauptbereiche einteilen: Gesprächsmoderation und Klärungshilfe.

Gesprächsmoderation

Die MediatorInnen sind dafür verantwortlich, daß das Gespräch in Gang kommt und sich in optimaler Weise entfalten kann. Sie sorgen dafür, daß die Grundregeln eingehalten werden, das Mediationsverfahren Stufe für Stufe durchschritten wird und ein geordnetes Gespräch möglich ist.

Während die Gesprächsinhalte von den KontrahentInnen bestimmt werden, liegt die Gestaltung des äußeren Rahmens und des Ablaufs in der Hand der MediatorInnen. Sie achten darauf, daß ihnen diese Aufgabe nicht aus der Hand genommen wird und entgleitet - was jedoch nicht bedeutet, daß sie Vorschläge und Wünsche der TeilnehmerInnen einfach übergehen. Vielmehr berücksichtigen sie diese insoweit, als sie dem Prozeß der Mediation nicht abträglich sind. Ihre Interventionen führen sie freundlich, aber bestimmt durch und versehen sie evtl. mit einer Begründung.

Die hauptsächlichen Methoden der Moderation sind (5):

- Starten und Steuern: Richtungsgebende Anweisungen von einer Mediationsstufe zur anderen. Der Charakter der Anweisungen kann von strikten Befehlen über klare Wünsche bis zu freien Anregungen und Vorschlägen reichen.

5) Nach Christoph Thomann & Friedemann Schulz von Thun, Klärungshilfe. Handbuch für Therapeuten, Gesprächshelfer und Moderatoren in schwierigen Gesprächen, Reinbek 1988, S. 48ff.

- Unterbrechen und Abbremsen: Eingriffe, um Schaden zu verhindern, Sachverhalte bewußt zu machen, Hektik einzudämmen oder eine grundsätzliche Richtungsänderung einzuleiten.
- Abschließen und Stoppen: Wenn inhaltliche Fragen oder Themen in einer Sitzung nicht zuende gebracht werden können, ist es notwendig, den gefühlsmäßigen Prozeß "abzurunden", bevor man auseinandergeht:

  "Wie ist das für Sie jetzt, daß wir die Behandlung dieser für Sie wichtigen Frage ungelöst abbrechen müssen? Was können und müssen wir in der kurzen Zeit, die uns bleibt, noch tun?"

  Die Antwort sollte unwidersprochen hingenommen und bis zum nächsten Mal aufbewahrt werden.

Gesichtspunkte, wann und wie die MediatorInnen eingreifen sollten, können sein:

- Für einen geordneten Gesprächsverlauf sorgen.
- Von Anfang an klare Strukturen und Grenzen setzen. "Keine Grenzen vorzugeben heißt, die üblichen Regeln des Systems zur vollen Entfaltung kommen zu lassen ... und damit qualitativ neue Erfahrungen zu verhindern." (6)
- Kontaktfördernde Dialoge laufen lassen. Wortwechsel, die in eine Sackgasse führen, unterbrechen, ergänzen, vertiefen, konkretisieren.
- Eine sinnvolle Reihenfolge herstellen.
- Das Hier und Jetzt hat Vorrang.
- Widerstände und Störungen haben Vorrang.

Klärungshilfe

Über die reine Gesprächsmoderation hinaus leisten die MediatorInnen aktive Klärungshilfe. Durch geeignete Fragen, Methoden und Interventionen tragen sie zu einer vertieften Selbstklärung der KontrahentInnen und zu einer Erhellung des Konflikts bei und bahnen den Weg für eine eigenständige Konfliktlösung. Dazu bedarf es eines Vertrauensverhältnisses, das sich die MediatorInnen durch ihr Auftreten, ihr Verhalten und ihre Fachkompetenz erwerben müssen. Vertrauenförderndes Verhalten bedeutet jedoch nicht, nach dem Mund zu reden, recht zu geben, zu bemitleiden und immer lieb, freundlich und verwaschen zu sein. Vielmehr können sie nur wirklich helfen,

---

6) Ebd., S. 34.

wenn sie klären, auch mal hartnäckig beharren, nicht locker lassen und ggf. vielleicht sogar provozieren.

Die wichtigsten Voraussetzungen, um Klärungshilfe leisten zu können und sich Vertrauen zu erwerben, sind:

- Empathie: ein wohlwollendes, verständnisvolles Einfühlen in die Gedankenwelt und die Gefühle einer Person. Das bedeutet nicht, sie gutzuheißen, sondern sie nachvollziehen zu können.
- Keine Bewertungen und Schuldzuweisungen: Gefühle und Gedanken sind als gegeben zu akzeptieren und nicht moralisierend zu bewerten.
- Glauben schenken: den Aussagen der KontrahentInnen grundsätzlich erst einmal glauben und "ihre Wahrheit" zu verstehen versuchen. Spätere Konfrontationen und Provokationen sind dadurch nicht ausgeschlossen.
- Widerstände ernst nehmen: Nicht dagegen argumentieren wollen, sondern akzeptieren und berücksichtigen! (Oft reicht das schon aus, um den Widerstand zu verringern.)

Möglichkeiten der "Oberhandsicherung"

Die MediatorInnen müssen die Kontrolle über den Gesprächsablauf, nicht über den Inhalt, behalten. In problematischen Situationen - gleichzeitiges Reden, Unterbrechen, zu langes Reden - können sie folgendermaßen eingreifen:

- Kurze chaotische Phasen aushalten.
- Falls notwendig, stark direktiv sein: einen Streit übertönen, auf den Tisch schlagen, aufstehen etc.
- Jede Person fragen, ob man weitermachen soll. Nur wenn alle "ja" gesagt haben, fortfahren.
- Störende Personen zur Ordnung rufen und auf Grundregeln aufmerksam machen.
- Unterbrechen, wenn die Person bereits genügend Zeit hatte, ihre Sicht darzustellen, oder wenn sie anderen immer ins Wort fällt.
- Niemanden dominieren lassen: "*Wir müssen hören, was alle hier darüber denken.*" "*Herr/Frau ... hat darauf gewartet, etwas zu sagen.*"
- Eine Pause machen und Einzelgespräche führen.
- Die Mediation unterbrechen oder abbrechen.

Nichtwertende Problemdefinition

Wenn es um die Beschreibung des Problems geht, vermeiden es die MediatorInnen, eine Person und ihr Verhalten zu werten. Statt dessen beschreiben sie, welches Verhalten für wen zu einem Problem geworden ist. (7)

Beispiel: *"Peters Fernsehverhalten ist für seine Mutter ein Problem."*
statt: *"Das Problem ist, daß Peter zu viel Fernsehen schaut."*

Gefühle ernst nehmen

Die MediatorInnen sollten nicht gereizt reagieren, wenn jemand emotional wird. Im Gegenteil: Sie sollten die Gefühle wahrnehmen, akzeptieren und konstruktiv darauf eingehen. (6)

Beispiel: *"Ich merke, Sie sind aufgebracht über die ganze Situation. Sagen Sie uns bitte, wie Sie sich gerade fühlen!"*
statt: *"Bitte reißen Sie sich zusammen und beruhigen Sie sich!"*

Vorschläge von den MediatorInnen

Ein Grundgedanke der Mediation ist, daß die Konfliktbeteiligten selber die Lösung für ihren Streit suchen und finden. Aus diesem Grund werden die MediatorInnen von den meisten AutorInnen angehalten, sich möglichst nicht mit eigenen Vorschlägen in die Problemlösungsphase einzubringen und wenn, dann nur in einer sehr zurückhaltenden, nicht-beeinflussenden Weise. Auf der anderen Seite wird argumentiert, daß die vermittelnden Dritten mitunter auch gute Lösungsideen haben, eben weil sie nicht selbst in den Streit verwickelt sind und deshalb einen besseren Überblick haben. Warum diese Ideen den KontrahentInnen vorenthalten?

Nur: Eine Lösung kann noch so genial aussehen; wenn sie jedoch nicht dem Denken und den Gepflogenheiten der Streitparteien entspricht, ist sie untauglich.

Deshalb ist es für die MediatorInnen ratsam, Vorschläge und Ideen - wenn überhaupt - in einer Weise einzubringen, daß sie die Streitparteien nicht zu stark beeinflussen. Diese sollen die Möglichkeit haben, den Vorschlag zurückzuweisen, ohne befürchten zu müssen, die MediatorInnen dadurch zu "verstimmen". Vorschläge und Ideen sollten deshalb nicht als Ratschlag vorgebracht werden oder als einzige Lösungsmöglichkeit dastehen. Um einem

---

7) Nach Kingston Friends Workshop Group, Introduction to Mediation, Kingston upon Thames 1991, "Mediators' Toolbox".

Vorschlag nicht zuviel Gewicht zu geben, können die MediatorInnen gleich mehrere Ideen einbringen, aus denen ausgewählt kann. Die Vorschläge können auch so formuliert werden, daß sie nicht als eigene Ideen der MediatorInnen erscheinen: "*Manche haben das schon so und so geregelt.*" "*Es gibt Leute, die machen dann ...*" Eine andere unaufdringliche Ausdrucksweise sind "*was wäre, wenn*"-Formulierungen: "*Was wäre, wenn Sie Ihre Kinder in der Mittagszeit anders beschäftigen könnten?*"

Unter den Vorschlägen der MediatorInnen können sich auch solche befinden, die ihnen eine Konfliktpartei bei einem Einzelgespräch zur anonymen Weiterleitung anvertraut hat.

MediatorInnen sollten ...

ausgeruht und fit sein
Gefühle anerkennen
neutrale Sprache benutzen
auf Gemeinsamkeiten achten
Geduld haben
positiv sein
ermutigen
sich nicht verpflichtet fühlen, die Probleme zu lösen

auf Gefühle achten
Körpersprache beachten
unparteiisch sein
nichts überstürzen
Ruhe bewahren
Anerkennung aussprechen
Kompliziertes vereinfachen
Überblick haben
...

Was tun bei ...?

Verallgemeinerungen

"Niemand kümmert sich darum, wie ich mich fühle!"
☛ "Sagen Sie uns genauer, wer sich nicht darum kümmert!"

"Er bringt mich immer ganz durcheinander!"
☛ "Können Sie uns ein Beispiel sagen, wann und wie er das macht, damit wir das besser verstehen können?"

Beschuldigungen

Du-Botschaften: *"Du hast ... (dies und das gemacht) und du bist immer ..."* bzw. *"Er hat ... und ist immer ..."*
☛ "Sagen Sie uns, wie Sie es in Zukunft gerne haben möchten."
☛ "Was löst das bei Ihnen aus?"

Aussagen in Frageform

"Ist das nicht völlig unverantwortlich, so etwas ohne Zustimmung der anderen zu tun?"
☛ "Sie meinen also, daß es völlig unangemessen war?"
☛ "Erzählen Sie uns, was Sie darüber denken!"
☛ "Meine Aufgabe ist es, Ihnen dabei zu helfen, Ihren eigenen Standpunkt den anderen deutlich zu machen."

Sich auf andere beziehen

"Ich weiß, daß viele andere aus der Gruppe genauso darüber denken wie ich."
☛ "Bitte sprechen Sie für sich selber, und sagen Sie uns, was **Sie** dazu meinen."

Selbstmitleid

"Ich bin ganz deprimiert und entmutigt, wenn ich sehe, was sie aus unserer Gruppe gemacht haben. Wir sind zu schwach, ihnen Einhalt zu gebieten."
☛ "Sie scheinen ganz hoffnungslos zu sein. Erzählen Sie uns doch, ab wann Sie sich so völlig entmutigt gefühlt haben. ... Was sollte nach Ihren Wünschen in der Gruppe nächstes Jahr geschehen?"

Für andere sprechen

"Ich glaube, was Maria wirklich sagen will, ist ..."
☛ "Ich würde gerne Maria selber erklären lassen, was sie zum Ausdruck bringen will."

Unterbrechen

☛ Die unterbrechende Person ignorieren!
☛ "Walter, ich möchte Deine Meinung dazu später hören, aber im Augenblick ist Maria dran."

Rückzug

Ein Mitglied sitzt schweigend und teilnahmslos da, manchmal mit einer von der Gruppe abgewendeten Körperhaltung.
☛ "Ich möchte besonders diejenigen einladen, sich zu äußern, die bisher keine Gelegenheit dazu hatten."
☛ "Herr/Frau ..., haben Sie irgendwelche Gedanken oder Anmerkungen, die sie uns gerne mitteilen würden?"

Herausforderung der MediatorIn

☛ Ruhig bleiben. Zuhören und zu verstehen suchen:
"Ihr Hauptanliegen ist also, daß ich ..."
Dann das eigene Handeln erklären, falls angebracht, ohne sich zu verteidigen.
Die eigenen Gefühle offenlegen:
"Ich fühle mich ziemlich unbehaglich mit Ihrem Kommentar, und ich weiß nicht genau, wie ich darauf reagieren soll. Ich möchte gerne in einer Art und Weise an Dinge herangehen, die alle respektieren. Deshalb möchte ich Ihre Bemerkungen nicht einfach ignorieren. Was denken die anderen darüber?"

Nach: Mediation Training Institute, Conflict Transformation: A vision and skills for peacemaking and conflict resolution in our daily lives (Mediation Training Manual), Mennonite Conciliation Service, Akron, PA (USA) 1988, E-25.

Besondere Probleme

Gefühle

Konflikte haben immer zwei Seiten: den sachlichen und den emotionalen Aspekt. Mediation legt Wert darauf, daß beide Seiten zur Sprache kommen und bei der Konfliktbearbeitung berücksichtigt werden. Gefühle dürfen und sollen also gezeigt werden. Probleme können sich jedoch ergeben, wenn entweder zu wenig oder zu starke Gefühle ausgedrückt werden.

Zu wenig Gefühle

Viele Menschen haben Schwierigkeiten, die eigenen Gefühle wahrzunehmen und auszudrücken. Oder sie sind eine sachliche, rein geschäftsmäßige Herangehensweise an Probleme gewöhnt und meinen, daß die Gefühle herausgehalten werden sollten. Diese Haltung findet sich vor allem bei Männern, während Frauen viel eher zu ihren Gefühlen stehen und sie auch ausdrücken.

Das unterschiedliche Gewicht, das den Gefühlen beigemessen wird, kann mit dazu beitragen, daß die Streitenden sich gegenseitig nicht verstehen können.

Wenn eine Person beim Mediationsgespräch von sich aus keine Gefühle zeigt oder anspricht, können die MediatorInnen auf verschiedene Weise den Weg dazu ebnen bzw. beim Ausdrücken von Gefühlen behilflich sein:

- Sie können dazu ermutigen, Gefühle zuzulassen und auszudrücken, indem sie ("vom Kopf her") erklären, warum das für die Konfliktklärung so wichtig und nützlich ist.
- Sie können durch das eigene Beispiel wirken, indem sie selbst auch persönliche und emotionale Seiten zeigen.
- Sie können direkt nach Gefühlen fragen:
  "*Wie haben Sie sich damals gefühlt, als ....?*"
  "*Was geht in Ihnen vor, wenn Sie hören, daß ...?*"
  "*Wo fühlen Sie sich am meisten mißverstanden?*"
- Sie können beim Spiegeln versuchen, die vermutlichen Gefühle mit zu benennen, und nachfragen, ob das so stimmt.
- Sie können mit einer (möglicherweise provozierenden) These zum emotionalen Befinden eine Reaktion herausfordern.
- Sie können auf körperliche Signale achten und sie behutsam aufgreifen.

- Sie können wichtige emotionale Botschaften der anderen Seite von der "sachlichen Person" spiegeln lassen und daran anknüpfen.
- Sie können einen Rollentausch anregen, so daß die Person, die keine Gefühle zeigt, eine Person spielen muß, die ihre Gefühle zeigt.

Diese und zahlreiche andere Möglichkeiten sollen jedoch nicht dazu verführen, jemanden zum Gefühlsausdruck zu zwingen! Wenn eine Person sich dagegen sperrt, so ist das ihre Entscheidung und sollte respektiert werden. In manchen Konfliktkonstellationen mag diese Weigerung auch eine inhaltliche Berechtigung haben, wenn es sich z.B. um Konflikte zwischen Gruppen handelt, bei denen die persönlichen Befindlichkeit der GruppenvertreterInnen nicht auf die Gesamtgruppe übertragbar ist und deshalb eine untergeordnete Rolle für die Konfliktlösung spielt.

Als Alternative bietet sich in beiden Fällen - der Verweigerungshaltung und der Gruppenkonflikt-Situation - an, verstärkt nach den Interessen und anderen Hintergrundfaktoren zu fragen, die nicht so stark in das Gefühlsleben eingreifen.

Zu starke Gefühle

Zu starke, unkontrollierte Gefühle können eine Mediation unmöglich machen. Gefühle sollen einen angemessenen Platz bekommen, aber das Geschehen nicht überfluten! Verletzende Gefühlsausbrüche sind es ja oft, die einen Streit so hochschaukeln, daß ein weiteres Gespräch nicht mehr möglich ist. In diesem Fall geht es darum, die Gefühlsäußerungen einzugrenzen und in weiterhelfende, nichtverletzende Botschaften zu übersetzen.

Die MediatorInnen haben dazu folgende Möglichkeiten:

- In der Anfangsphase lassen sie die KontrahentInnen nicht sich gegenseitig, sondern den MediatorInnen ihre Sichtweise der Dinge erzählen. Dadurch wird die emotionale Eskalation unterbrochen, und eine sachliche Ausdrucksweise ist wahrscheinlicher als bei der direkten Konfrontation.
- Die MediatorInnen können beim Spiegeln und Zusammenfassen tendenziöse und beleidigende Aussagen in eine neutrale, für die Gegenseite annehmbare Sprache umformulieren. Beispielsweise kann "*Er erpreßt mich!*" in "*Er übt Druck auf Sie aus.*" umformuliert werden.
- Sie können wertende, verletzende Äußerungen (Du-Botschaften) in nichtwertende Ich-Botschaften umformulieren lassen und dabei behilflich sein.

- Eine Pause kann zur Beruhigung eingelegt werden.
- Eine MediatorIn befaßt sich in einem Einzelgespräch mit der aufgewühlten Person.
- Notfalls können die KontrahentInnen getrennt und Botschaften über die MediatorInnen überbracht werden (Shuttle-Mediation).

Wenn alles nichts hilft, kann die Mediation abgebrochen bzw. auf einen späteren Zeitpunkt verschoben werden. Unter Umständen sollte eine fachliche therapeutische Hilfe empfohlen werden.

Lügen

Wenn sich ein Streit darüber entwickelt, ob Behauptungen wahr sind oder nicht, sollten die MediatorInnen den Beteiligten klar machen, daß es bei einer Mediation in erster Linie um zukünftiges Verhalten geht und nicht um vergangenes. Die MediatorInnen können und wollen nicht beurteilen, was in der Vergangenheit wirklich geschah und welche Aussagen richtig und welche falsch sind. Sie können ihr Verständnis zum Ausdruck bringen, daß die KontrahentInnen die "Wahrheit" sowie Recht und Unrecht klären wollen. Sie müssen aber deutlich machen, daß dies die Mediation nicht leisten kann und will, und wenn sie darauf bestehen, sie besser vor Gericht gehen sollten. Notfalls kann das Problem und der Stellenwert der Wahrheit auch in einem Einzelgespräch besprochen werden.

Wenn sich die Streitenden der Lüge bezichtigen, können die MediatorInnen darauf hinweisen, daß es unterschiedliche "Wahrheiten" gibt und daß es einen guten Grund geben muß, warum die Gegenseite den Sachverhalt anders sieht. Diesen Gründen für eine andere Sichtweise kann dann nachgegangen werden.

Aus diesem Zusammenhang wird auch begreiflich, daß Aussagen wie "*Sie lügt!*" sinnvollerweise in "*Sie hat eine andere Sichtweise.*" umformuliert werden.

Wenn TeilnehmerInnen allerdings absichtlich lügen, um sich Vorteile zu verschaffen, kann das nicht akzeptiert werden. Wenn die MediatorInnen die Aufrichtigkeit einer Person bezweifeln, sollten sie in einem Einzelgespräch mit ihr darüber reden. Dabei sollten sie nicht die Person angreifen, sondern das Problem und die negativen Auswirkungen auf den Mediationsprozeß und das Verhandlungsergebnis deutlich machen. Läßt sich keine letztendliche Klarheit über die Ehrlichkeit einer Person gewinnen, sollten angezweifelte Angaben nicht als Grundlage für Lösungen verwendet werden.

Können die anderen Streitparteien einer Person nicht glauben und diese versteht es nicht, sich das Vertrauen der anderen zu erwerben, ist ein Abbruch der Mediation und die Fortsetzung der Auseinandersetzung auf einer anderen Ebene unvermeidlich.

Machtgefälle

Die beste Voraussetzung für eine Mediation ist, wenn die Beteiligten nicht die Möglichkeit haben, aufgrund ihrer Machtposition ihre Lösungsvorstellungen einseitig gegen die anderen durchzusetzen. Trotzdem ist es möglich, auch zwischen Parteien mit unterschiedlichem Machtniveau zu vermitteln, nämlich dann, wenn das Machtungleichgewicht neutralisiert werden kann oder wenn die machtvollere Seite aus Einsicht auf die Ausübung ihrer Macht verzichtet.

Im Mediationsgespräch muß eine gewisse Gleichheit geschaffen sein, da sich sonst die Ungleichheit in den Vereinbarungen wiederfindet - falls es überhaupt bis zu diesem Punkt kommt.

Das Machtgefälle kann vor oder während der Mediation bearbeitet werden und zwar entweder durch die MediatorInnen selbst oder durch Dritte:

- Im Rahmen einer "Vormediation" können die MediatorInnen oder andere Personen als "KonfliktberaterInnen" tätig werden. Sie können der schwächeren Partei behilflich sein, ihre organisatorische Struktur zu verbessern, ihre Stärken zu erkennen und Alternativen zu entwickeln, falls das Mediationsgespräch nicht befriedigend verläuft. Wenn eine "beste Alternative" (8) zur Verhandlungsübereinkunft vorhanden ist, läßt man sich nicht so leicht unter Druck setzen und kann selber die Grenzlinie bestimmen, ab wann die Verhandlungen abgebrochen werden. Es kann ausreichen, die "schwächere Partei" auf ihre Handlungsmöglichkeiten aufmerksam zu machen, die sie bereits hat (z.B. juristischer Weg). Die Konfliktberatung kann sich jedoch auch auf eine Beratung darüber erstrecken, wie ihre Gegenmacht durch gewaltfreien Widerstand und Verbreiterung des Bündnisses gesteigert werden kann.
- Die Konfliktberatung für die stärkere Partei sollte eine Analyse beinhalten, warum es für sie vorteilhaft oder notwendig ist, an dem Mediationsprozeß teilzunehmen. Dazu gehört auch eine Analyse der alternativen Handlungsmöglichkeiten der Gegenseite, und was das für den Konfliktverlauf bedeuten würde. Wenn die mächtigere Seite ohnehin ihre Interessen auch so durchsetzen könnte, warum läßt sie sich dann auf

8) Vgl. Roger Fisher & William Ury, Das Harvard-Modell. Sachgerecht verhandeln - erfolgreich verhandeln, Frankfurt a.M. - New York 1984, S. 145ff.

Verhandlungen ein? Wenn sie sich davon einen Vorteil erhofft, wird sie das Scheitern der Mediation nicht ohne weiteres riskieren!

- Die "kommunikative Macht" einzelner Beteiligter wird im Rahmen der Mediation dadurch angegangen, daß alle Konfliktparteien ausreichend Zeit bekommen, ihr Anliegen vorzubringen, und die MediatorInnen beim Ausdrücken von Fakten und Gefühlen behilflich sind und dafür Sorge tragen, daß die Gegenseite die Aussagen auch richtig versteht und ernst nimmt. Die Unterstützung kann so weit gehen, daß eine von mehreren MediatorInnen der schwächeren Seite zeitweise ganz zur Seite steht, während der andere sich weiterhin auf die Vermittlungsaufgabe konzentriert.

- Macht durch Information kann ausgeglichen werden, indem die MediatorInnen notwendige Informationen für alle Seiten beschaffen bzw. dafür sorgen, daß die Parteien sie sich selbst beschaffen können.
  In politischen Konfliktfällen kann dazu ein Fonds geschaffen werden, aus dem unabhängige Expertisen finanziert werden.

- Macht durch psychologische Beeinflussung und durch Tricks können die MediatorInnen durch ihr Eingreifen ausschalten oder abschwächen.

- Läßt sich die mächtigere Seite trotz allem dazu hinreißen, ihre Macht auszuspielen und die Gegenseite vermag darauf nicht angemessen zu reagieren, sollten die MediatorInnen die Verhandlungen unterbrechen. In Einzelgesprächen sollten sie dann den Druckausübenden die Vor- und Nachteile ihres Verhaltens deutlich machen und nachfragen, ob sich die ursprüngliche Motivation, an der Mediation teilzunehmen, mittlerweile verändert hat. In Einzelgesprächen mit den bedrängten Parteien können diese nochmals auf ihre "besten Alternativen" aufmerksam gemacht werden, so daß sie sich dem Druck nicht schutzlos ausgeliefert sehen. Diese Gespräche könnten auch von den ursprünglichen KonfliktberaterInnen (falls es nicht die MediatorInnen selbst waren) durchgeführt werden. Dann wäre es allerdings hilfreich, wenn diese an den Mediationssitzungen beobachtend teilnehmen können.

- Eine letzte Möglichkeit ist es, daß die schwächeren Parteien die Mediation abbrechen. Ihnen steht nun frei, eine erneute oder weiterführende Mediation oder Konfliktberatung untereinander zu vereinbaren und so zu einer Stärkung der eigenen Position zu gelangen. Diese könnte man dann als "Widerstands-Mediation" oder "Mediation von unten" bezeichnen. Inwiefern diese Mediation von den MediatorInnen der ersten Runde durchgeführt werden sollte, müßte noch eingehender diskutiert werden: Würde dadurch nicht die Offenheit und das Vertrauen bei Mediationen beeinträchtigt? Könnten die MediatorInnen dann noch als VermittlerInnen tätig werden, wenn sich die mächtigere Partei später doch noch dazu entschließt, ernsthaft und ohne Druckausübung an den Verhandlungstisch zurückzukehren?

Bei all diesen Interventionen stellt sich natürlich die Frage der Parteilichkeit: Ist es eine unzulässige Parteinahme für die schwächere Seite, wenn sie auf diese Weise unterstützt wird?

Das muß nicht sein. Denn wenn von vornherein deutlich gemacht wird, daß im Mediationsprozeß Machtungleichgewichte nicht zur Geltung kommen dürfen, dann gehört es auch zur Aufgabe der MediatorInnen, dafür zu sorgen, daß dies tatsächlich nicht der Fall ist. Von der mächtigeren Partei kann dafür das Einverständnis eingeholt werden.

Im Falle der Konfliktberatung, die über das Herstellen gleicher Ausgangsvoraussetzungen hinausgehen kann, könnte es dagegen eher von Vorteil sein, daß sie von anderen Personen durchgeführt wird. Die Aktivitäten der MediatorInnen blieben dann für alle Beteiligten wahrnehmbar und überschaubar, da sie sich nicht hinter den Kulissen vollzöge, sondern unmittelbar vor den Augen der Mediations-TeilnehmerInnen. Ihre Allparteilichkeit und Vertrauenswürdigkeit könnte so besser aufrechterhalten werden.

Teil 5: **Mediation im politischen Raum**

Umgang mit politischen Konflikten

Seit den 60er-Jahren ist in der Bundesrepublik und vielen anderen Ländern eine Entwicklung zu beobachten, die die einen mit Sorge, die anderen mit Hoffnung erfüllt. Es ist die zunehmende Parteien- und Staatsverdrossenheit.

Die VertreterInnen von Staat und Parteien befürchten (zurecht), daß damit das Vertrauen in ihre Arbeit und die Rechtfertigung für ihre herausgehobene Stellung im politischen Prozeß untergraben wird. Das "Regieren" wird immer schwieriger, weil fast jede politische Entscheidung und Verwaltungsmaßnahme auf vielfältigen Widerspruch stößt. Durch Proteste, endlose und kostspielige Prozesse und oft auch direkten, gewaltlosen Widerstand wird die Durchführung von beschlossenen Maßnahmen hinausgezögert, behindert und oft auch verhindert.

Auf der anderen Seite sehen die "Regierten" immer weniger ein, warum sie - auch noch in einem Staat mit demokratischem Anspruch - Entscheidungen von als abgehoben empfundenen Volks- und RegierungsvertreterInnen, Parteivorständen und sonstigen Herrschaftseliten kritiklos hinnehmen sollten. Politische Mündigkeit und die Forderung nach Selbstbestimmung haben in manchen Bereichen einen Grad erreicht, dem die herkömmlichen politischen Verfahren nicht mehr gerecht werden. In BürgerInneninitiativen, Selbsthilfegruppen und unabhängigen (politischen) Organisationen und Einrichtungen haben sich interessierte und betroffene BürgerInnen oft eine Fachkompetenz erarbeitet, die derjenigen auf Staats- und Regierungsseite in nichts nachsteht. Und durch die zahlreichen meist außerparlamentarischen Aktivitäten - bis hin zu gewaltfreiem Widerstand - haben sie in manchen Bereichen eine informelle politische Macht erreicht, gegen die nicht ohne Mühe und politischen Schaden regiert werden kann.

Die zunehmenden Konflikte, die durch diese, an sich begrüßenswerte Entwicklung zutage treten, können zu einer Blockierung jeglicher Veränderung, einer gefährlichen Gereiztheit auf Seiten der Blockierten, einem immensen Kräfteverschleiß und zu einer wachsenden Unzufriedenheit auf Seiten der VerliererInnen - und das sind oft alle - führen.

Nachteile herkömmlicher Konfliktregelung

Herkömmliche Konfliktlösungsverfahren helfen in dieser Situation meist nicht weiter - zum Beispiel der Ruf nach einem "**Durchgreifen**", einer "starken Führung" usw. In einer demokratischen, konfliktbereiten Gesellschaft gilt das physikalische Gesetz "Druck erzeugt Gegendruck" auch im politischen Bereich. Die Zeiten des obrigkeitsstaatlichen Durchgreifens sind vorbei.

Auch das Verfahren, einen "**Kompromiß**" zu schließen, hat schwerwiegende Nachteile: Beim Kompromiß muß jede Seite ein Stück von ihrer Position aufgeben, und man trifft sich oft an einem Punkt, an dem sich keine Seite mehr so richtig wohl fühlt und wiederfindet. Damit sind neue Konflikte vorprogrammiert. Es ist auch nicht einsichtig, warum man sich von seiner "Wahrheit" wegbegeben sollte, solange man noch von ihr völlig überzeugt ist. Außerdem gibt es bei manchen Streitfragen keine Kompromißlösung, die einfach irgendwo in der Mitte zwischen den extremen Positionen liegt wie z.B. bei Lohnforderungen. Die Frage etwa, ob in Gorleben bzw. Wackersdorf eine Wiederaufbereitungsanlage für Atommüll gebaut werden soll oder nicht, war nicht durch kompromißmäßiges Abrücken von ursprünglichen Positionen lösbar.

Die Hoffnung, bei den nächsten **Wahlen**, der eigenen Position eine Mehrheit zu verschaffen, die dann entsprechende Gesetze und Beschlüsse macht, ist trügerisch und löst das Problem nicht. Zum einen stehen bei Wahlen nicht einzelne Sachfragen zur Abstimmung an, sondern immer ganze Programme, und die Abgeordneten sind nicht dem WählerInnenauftrag verpflichtet, sondern nach der Verfassung ihrem Gewissen - und in der Praxis meist der Parteidisziplin. Zum anderen werden sich auch überstimmte Minderheiten bei Fragen, die ihnen sehr wichtig sind, nicht von ihrem Widerstand abhalten lassen.

Während für das erste Problem (personenbezogene Wahlen ohne einklagbaren WählerInnenauftrag) sachbezogene **Volksabstimmungen** als Lösung angesehen werden können, bleibt das zweite Problem auch in diesem Fall bestehen: Wie können die Interessen der unterlegenen Seite in einem solchen Ausmaß berücksichtigt werden, daß sie das Ergebnis dann auch akzeptieren und seine Umsetzung aktiv unterstützen? Noch schwieriger wird der Fall, falls es nicht nur zwei Konfliktparteien bzw. Lösungsvorschläge gibt, sondern mehrere; und wenn von diesen auch keine eine deutliche Mehrheit erlangen kann. Eine bloße Abstimmung der verschiedenen Lösungsvorschläge bringt auch hier keine wirkliche Lösung des Konflikts.

Das Beschreiten des **Rechtsweges** ist oft riskant, sowohl was den Ausgang, als auch was die Kosten angeht (besonders für BürgerInneninitiativen), und manchmal von vornherein aussichtslos. Selbst wenn die Chancen günstig stehen, kann die Länge des Verfahrens es zu einem unbrauchbaren Mittel machen.

All diese Konflikt**regelungs**möglichkeiten kranken an ein und demselben Fehler: Sie **lösen** den Konflikt nicht. Immer setzt sich die eine Seite auf Kosten der anderen durch, oder sogar alle müssen zurückstehen, aber volle

Zufriedenheit über die gefundene Lösung wird nicht erreicht. Und damit ist der Keim für weitere Konflikte bereits angelegt.

Natürlich gibt es auch Auseinandersetzungen, in denen schon eine friedliche Konflikt**regelung** ein großer Fortschritt und mehr vielleicht gar nicht erreichbar ist. Aber in vielen Fällen ist es möglich, neuartige Lösungen zu erarbeiten, welche die Interessen aller Beteiligten auf bessere Weise berücksichtigen. Solche Lösungen können allerdings nur durch konsensorientierte Verfahren erreicht werden, bei denen die Zustimmung und Zufriedenheit aller Konfliktparteien Ziel und Richtschnur der Konfliktregelung ist. Derartige konsensorientierte Verfahren sind direkte Verhandlungen und die Mediation.

Verhandlungen als Grundmodell konsensorientierter Konfliktlösung

Die Alternative zu aufgezwungenen Problemlösungen sind freiwillig angenommene bzw. selbst ausgearbeitete Lösungen. Diese Grundbedingung der Freiwilligkeit und der Selbstbestimmung ist die Grundlage des (fairen) Verhandlungsmodells: keine Seite gibt die Entscheidungsgewalt an Dritte ab, alle haben direkten Einfluß auf den Verhandlungsablauf und das Verhandlungsergebnis, und jede Seite kann jederzeit die Verhandlungen abbrechen. Damit ist ein Höchstmaß an Autonomie gewährleistet. Kein Wunder, daß bei internationalen Konflikten die Regierungen sich lieber auf Verhandlungen einlassen, als sich einem Gerichtsurteil oder Schiedsspruch zu unterwerfen. Denn Souveränität und Autonomie werden als unverzichtbare Grundlage jedes Staates angesehen.

Dieses Streben nach Freiheit und Selbstbestimmung ist auch den gesellschaftlichen und politischen Organisationen und jedem einzelnen Menschen eigen. Deshalb ist das Modell der direkten Verhandlung das von allen Seiten bevorzugte und in der Regel sinnvollste Instrument der politischen Konfliktregelung. Es sollte auch dann benutzt werden, wenn eine Partei die Möglichkeit hätte, ihre Interessen einseitig durchzusetzen.

Mediation beruht ebenfalls auf dem Verhandlungsmodell mit den meisten seiner Vorzüge und Nachteile, nur daß die Anwesenheit und die Hilfe von unparteiischen Dritten notwendig sind. Wenn Direktverhandlungen nicht möglich sind, ist die in das Mediationsverfahren eingebettete Verhandlung die beste Lösung.

Sind die Voraussetzungen für eine Mediation jedoch nicht gegeben, müssen andere Lösungswege begangen werden (z.B. Schiedsspruch, Gerichtsprozeß, gewaltfreier Widerstand).

Voraussetzungen politischer Mediation

Konsensorientierte Konfliktlösung im politischen Bereich ist nur unter bestimmten Bedingungen möglich bzw. erfolgversprechend: (1)

- Es müssen klar identifizierbare Konfliktparteien vorhanden sein.
- Diese müssen die Fähigkeit haben, Veränderungen zu bewirken und andere einzubinden.
- Alle Seiten müssen wirklich gewillt sein, über den Konflikt zu verhandeln und zu einer Übereinkunft zu kommen - zumindest bzgl. einiger der Streitpunkte.
- Das Verhandeln durch VertreterInnen der Konfliktparteien muß akzeptiert und ihre Mitarbeit möglichst kontinuierlich gewährleistet sein.
- Die VertreterInnen müssen fähig sein, innerhalb des Rahmens zu verhandeln, der von ihrer Gruppe gesetzt wurde.
- Die Rückkopplung zur vertretenen Gruppe muß gewährleistet sein.
- Ein gewisses Maß an Vertrauen in den Verhandlungsprozeß und in die Verhandlungsfähigkeit der TeilnehmerInnen muß vorhanden sein.

Da Verhandlungen und Mediation nur möglich oder sinnvoll sind, wenn diese Voraussetzungen tatsächlich gegeben sind, können sie die anderen Verfahren nicht vollständig ersetzen, sondern nur ergänzen. Es liegt allerdings im Interesse aller Beteiligten, durch solch konsensorientierte Verfahren einen maximalen gegenseitigen Nutzen zu erzielen und gleichzeitig die langfristigen Beziehungen zueinander zu verbessern. Gerade dann, wenn die Konfliktparteien weiterhin längerfristig miteinander zu tun haben, ist eine solche Konfliktlösung ratsam, da sie die gegenseitigen Beziehungen nicht verschlechtert.

---

1) Vgl. Jay Folberg & Alison Taylor, Mediation. A Comprehensive Guide to Resolving Conflicts without Litigation, San Francisco 1984, S. 228.

Besonderheiten politischer Mediation

Größere Anzahl von Konfliktbeteiligten

Konflikte im politischen Raum unterscheiden sich von Privatkonflikten durch die Anzahl der betroffenen Personen. Dies bedeutet in erster Linie, daß die Konfliktparteien keine Einzelpersonen, sondern in der Regel Gruppen, Organisationen, Institutionen oder ganze Völker sind. In zweiter Linie ist damit auch gemeint, daß es sich oft um eine ganze Reihe von Konfliktparteien handelt, die miteinbezogen werden müssen. Dies hat Auswirkungen auf die Gestaltung des Mediationsverfahrens.

Da Mediation eine intensive Gesprächsarbeit mit allen Beteiligten erfordert, darf die Mediationsgruppe nicht zu groß sein. Das bedeutet, daß bei Gruppenkonflikten nicht alle vom Streit Betroffenen mit am Tisch sitzen können. Die Gruppen müssen VertreterInnen zu den Verhandlungen schicken.

Dies bringt eine Reihe von Folgeproblemen mit sich:

- Die Gruppen müssen fähig sein, VertreterInnen zu bestimmen, die das Vertrauen der ganzen Gruppe haben. Notfalls können die MediatorInnen in der Vormediations-Phase Hilfestellung dazu geben.
- Der Informationsfluß und die Rückkopplung zur Gruppe muß gewährleistet sein. Ein Verhandlungsergebnis, das nur die Meinungen und Wünsche der VertreterInnen widerspiegelt, nützt nichts. Die vertretenen Gruppen müssen damit einverstanden sein!

  Sofern die Gruppen nicht zu groß sind, könnte das Mediationsgespräch als "fish-bowl" stattfinden: das bedeutet, daß um die Mediationsgruppe herum BeobachterInnen sitzen, die aber nicht in das Gespräch eingreifen dürfen.
  Vorteil: Die Gruppenmitglieder bekommen direkt mit, was und wie verhandelt wird. Übermittlungsfehler können ausgeschaltet werden. Rücksprachen in Pausen sind möglich.
  Nachteil: Der nicht-öffentliche, vertrauliche Charakter des Mediationsgespräches wird gestört. Die Gefahr von Störungen und "Schaukämpfen" ist gegeben.
  Variationsmöglichkeit: Die beobachtenden Gruppenmitglieder bekommen die Möglichkeit, notfalls auch selbst in das Gespräch einzugreifen, indem sie einen von zwei oder drei offenen Plätzen am Mediationstisch einnehmen und dadurch Teil der Gesprächsrunde werden. Anschließend machen sie den Platz wieder frei.

- Die Verhandlungen werden langwieriger, da immer wieder auch Rückkopplungs- und Besprechungsphasen mit den Gruppen eingelegt werden müssen.
- Das Verfahren und der Einigungsprozeß werden noch zeitaufwendiger und komplizierter, wenn mehr als zwei oder drei Parteien am Mediationsprozeß beteiligt sind. Das übersichtliche Mediations-Modell mit nur zwei Streitparteien muß entsprechend ausgeweitet werden, was aber grundsätzlich möglich ist.
- Die Versuchung, aus Gründen der Verfahrensvereinfachung bestimmte Konfliktparteien nicht zu beteiligen, ist gefährlich: Neue Konflikte werden dadurch vorprogrammiert, und das Verhandlungsergebnis wird vermutlich von den Nichtbeteiligten torpediert werden.
- Selbst wenn nicht alle Konfliktparteien an der Mediation teilnehmen wollen, kann unter Umständen ein sinnvolles Ergebnis erzielt werden, wenn zumindest die Hauptbetroffenen vertreten sind und die Interessen der Abwesenden mitberücksichtigen.
- Es besteht die Gefahr, daß radikale Gruppierungen innerhalb der vertretenen Konfliktparteien andere Auffassungen haben als der Rest der Gruppe. Die Gruppe muß dann selbst oder mit Unterstützung der MediatorInnen bzw. KonfliktberaterInnen versuchen, zu einem Interessenausgleich zu kommen. Gelingt dies nicht, kann es evtl. trotzdem möglich sein, daß sich die Vereinbarungen im Großen und Ganzen durchführen lassen.

Vertraulichkeit?

Die Vertraulichkeit eines Privatgespräches läßt sich in politischen Streitfällen kaum verwirklichen. Denn die Verhandelnden müssen sich mit ihrer Gruppe absprechen, die unter Umständen recht groß sein kann. Außerdem kann - besonders bei eher informellen Gruppen wie etwa BürgerInneninitiativen - nicht unbedingt gewährleistet werden, daß niemand Informationen weiterträgt.

Trotzdem sollte zumindest die Frage der Presseinformation am Anfang abgeklärt werden. Hilfreich ist es sicherlich, wenn der Verhandlungsprozeß nicht durch verfrühte Medienberichte gestört wird. Die Beteiligten sollten versuchen, alles in ihrer Macht Stehende zu tun, daß die diesbezüglichen Vereinbarungen auch wirklich eingehalten werden.

Ein weiterer Faktor, der die Vertraulichkeit politischer Mediationsgespräche beeinflussen kann, mag die Sorge sein, dem politischen Gegner nicht allzu viele wichtige Informationen preiszugeben. Dies vor allem dann, wenn man ein Scheitern der Gespräche befürchtet und auf eine Auseinandersetzung auf anderer Ebene eingestellt ist.

Stellenwert von persönlichen Beziehungen und Gefühlen

Die Tatsache, daß bei politischen Konflikten Gruppen miteinander ins Gespräch kommen und nur darüber vermittelt Einzelpersonen, verändert den Stellenwert von persönlichen Beziehungen und Gefühlen bei solchen Gesprächen:

- Es geht bei den Verhandlungen mehr um die Interessen der Parteien als um die Befindlichkeiten der beteiligten Personen. Diese sind zwar als Störungen oder Beeinflussungen im Mediationsgespräch zu berücksichtigen und zu bearbeiten. Aber was die Personen an den Tisch zusammenbringt, ist kein Problem, das in ihrer persönlichen Beziehung liegt, sondern eines, das an ihre soziale Rolle gebunden ist.

- Mögliche Annäherungsprozesse über den Weg des gegenseitigen persönlichen Verstehens der Beteiligten sind nur dann hilfreich, wenn dieses persönliche Verständnis bzw. das darauf beruhende Verhandlungsergebnis auch der eigenen Gruppe vermittelt werden kann. Andernfalls könnte es dazu führen, daß die VertreterInnen das Vertrauen der Gruppe verlieren und ausgewechselt werden.

- Das Ansprechen von Gefühlen kann eine veränderte Sichtweise des Konfliktes bewirken. Wenn diese Gefühlslage der gesamten Gruppe zueigen ist, gehört dies unbedingt auch zur Konfliktbearbeitung.

- Geht es allerdings um die private Gefühlslage der Verhandelnden, kann es sein, daß manche "rationale PolitikerInnen" Widerstände zeigen und das Verfahren wie die Kompetenz der MediatorInnen in Zweifel ziehen. Diese Menschen sind in dieser Situation vielleicht nur "über den Kopf" anzusprechen. Statt auf Gefühlsoffenbarungen zu beharren, sollten eher die Interessen zur Sprache gebracht werden.

Machtbeziehungen

Die Beziehungen zwischen den Konfliktparteien sind in erster Linie durch Machtinteressen geprägt, wenn nicht sogar durch ein Machtgefälle. Der Umgang mit Machtungleichgewichten wurde bereits an anderer Stelle besprochen. Mediation ist kein Mittel, um strukturelle Ungleichgewichte zu verändern. Sie können lediglich punktuell überbrückt werden, sofern die Beteiligten sich dazu bereitfinden. Die Veränderung von Machtverhältnissen muß in anderen Bereichen ansetzen. (2)

Unparteilichkeit?

Politische Konflikte sind öffentliche Konflikte. Je höher die Ebene ist, desto wahrscheinlicher ist es auch, daß die MediatorInnen direkt oder indirekt betroffen sind und sich eine eigene Meinung zu den Streitpunkten gebildet haben. Die Forderung nach Unparteilichkeit läßt sich hier nur schwer erfüllen, es sei denn, die MediatorInnen seien politisch uninteressiert - was nicht gerade für ihre Kompetenz als VermittlerInnen in politischen Konflikten sprechen würde. (3)

Im internationalen Bereich gibt es darüber hinaus zahlreiche Beispiele, wo MediatorInnen massiven Druck - etwa in Form von Gewährung oder Entzug von Hilfe - auf die Verhandelnden ausgeübt haben. (4)

---

2) Vgl. das Kapitel "Mediation oder gewaltfreier Widerstand?" in Teil 6: Diskussion.
3) Vgl. das Kapitel "Neutralität als Prinzip?" in Teil 6: Diskussion.
4) Vgl. das Kapitel "Mediation durch Mächtigere" in Teil 6: Diskussion.

Teil 6: **Diskussion**

Gefahren

In der Diskussion um alternative Formen der Streitbeilegung wird Mediation durchweg als erfolgversprechende, bisher oft zu wenig genutzte Möglichkeit der Konfliktlösung angesehen. (Wenn dies sogar für den amerikanischen Kontext gesagt werden kann, wo Mediation mittlerweile fast eine Art "Modebewegung" geworden ist, um wieviel mehr trifft dies für Europa zu, wo wir noch ganz am Anfang stehen!) Allerdings werden in der Literatur auch Begrenzungen und Gefahren genannt, die sich aus dem Hinzuziehen von vermittelnden Dritten ergeben können. Diese kritische Sicht bezieht sich vor allem auf die Mediation, aber auch auf andere Verfahren, bei denen Dritte einbezogen werden (z.B. Schiedsverfahren, Gerichte).

Richard Bilder nennt folgende Gefahren: (1)

- Auch wenn die Dritten dem Äußeren nach "neutral" sind, können sie eine Stärkung der Positionen und Interessen einer Streitpartei bewirken.
- Das Ergebnis einer Streitbeilegung durch Dritte kann die zugrundeliegenden Machtverhältnisse verkennen, statt sie angemessen zu berücksichtigen. Die Lösung wird dann auch nicht stabil sein.
- Streitparteien, besonders die schwächeren, könnten ermutigt werden, aggressiver und unnachgiebiger zu sein, als sie es sonst wären. Dadurch können Konflikte entstehen oder verlängert werden.
- Die Streitparteien könnten dazu verleitet werden, absichtlich ihre Positionen zu überziehen und starr daran festzuhalten, wenn sie die Tendenz erkennen, daß die VermittlerInnen Zugeständnisse von beiden Seiten erwarten und einen Kompromiß suchen. Auf diese Weise könnten sie aufgrund der besseren Ausgangssituation den Streit "gewinnen" wollen.
- Dritte können bei ihrer Streitbeilegungshilfe in den Konflikt hineingezogen werden und ihn auf diese Weise ausweiten, verkomplizieren und verlängern; z.B. wenn sie von einer Partei als Verbündete oder Gegner aufgefaßt werden, wenn sie dazu verleitet werden, Partei zu ergreifen, oder wenn sie in eine dauerhafte Rolle im Konfliktszenario hineingedrängt werden. Sie werden dann eher Teil des Problems als Teil der Lösung.
- Die hinzugezogenen Dritten verfolgen oft eigene Interessen, wenn sie in einen Konflikt eingreifen. Dies kann ihre Lösungsbemühungen entstellen und zu einem Abkommen führen, das nicht die Wünsche und Interessen der Streitparteien widerspiegelt.

---

1) Nach Richard B. Bilder, International Third-Party Dispute Settlement, S. 209, in: W. Scott Thompson & Kenneth M. Jensen (ed.), Approaches to Peace. An Intellectual Map, Washington 1991, S. 191-226.

Welche Ebene der Konfliktlösung?

In den zahlreichen englischsprachigen Veröffentlichungen zum Thema "Mediation" fällt immer wieder ein Widerspruch auf zwischen den Theorien über den Konflikt und den Mediationsmodellen zu seiner Bearbeitung:

In der Analyse von Konflikten wird darauf hingewiesen, daß es meist eine Reihe von tieferliegenden Ursachen für sie gibt und daß diese Hintergründe eine große Bedeutung für die Konfliktlösung haben. In der praktischen Anleitung zur Mediation findet sich jedoch kaum eine entsprechende Umsetzung dieser Erkenntnis. In den meisten Modellen folgt der Phase der Konfliktbeschreibung aus der eigenen Sicht unmittelbar die Phase der Problemlösung.
An welcher Stelle findet nun die tiefere Erkundung des Konflikts statt?

Eine Möglichkeit wäre, daß dies in der Phase geschieht, in der die KontrahentInnen den Streit aus ihrer eigenen Sicht erzählen. Je nach Art der beteiligten Personen und dem Grad ihrer Selbstklärung kann das durchaus der Fall sein. Voraussetzung ist jedoch, daß die Konfliktparteien von sich aus "in die Tiefe gehen". Denn in dieser Phase sind die KontrahentInnen an der Reihe mit dem Reden. Die MediatorInnen sollen zuhören, möglichst wenig unterbrechen und die Sichtweise der erzählenden Person zu verstehen versuchen. Ein Nachhaken und Tieferschürfen an einzelnen Punkten würde diesen Prämissen widersprechen und zudem das Befassen mit einer Konfliktpartei dermaßen in die Länge ziehen, daß die anderen Konfliktparteien die Geduld zum Zuhören verlieren und endlich mal selber drankommen wollen.

Es besteht also die Gefahr, daß die tieferliegenden Ursachen des Streits gar nicht (ausreichend) zur Sprache kommen. Nur wenige Mediations-Modelle beugen dieser Gefahr vor, indem sie eine eigenständige Phase der Konflikterhellung vorsehen. Das mag daran liegen, daß der Bearbeitung der Hintergrundkonflikte doch kein so großer Stellenwert beigemessen wird - nach dem Motto "Es geht weniger um Vergangenes, sondern um konkrete, aktuelle Konfliktregelung".

Beides hat in gewisser Weise seine Berechtigung: Das Ernstnehmen des aktuellen Streits und seiner Regelung auf der einen Seite und das Herausarbeiten und die Lösung von Hintergrundkonflikten auf der anderen Seite. Für die tiefergehende Behandlung des Konflikts sind wahrscheinlich oft auch therapeutische Fähigkeiten nötig, so daß manche MediatorInnen diesen Bereich aus diesem Grund ganz bewußt meiden. Je nach Beschaffenheit des Konflikts mag auch eine Lösung mehr an der Oberfläche möglich und sinnvoll sein. Ein gewisser Widerspruch zur theoretischen Begründung des Mediationsverfahren läßt sich jedoch nicht verleugnen.

Kulturelle Unterschiede

Das hier vorgestellte Konzept der Mediation wurde weitgehend in den USA entwickelt und entspricht den Gegebenheiten und Bedürfnissen der dortigen Gesellschaft. Die Übertragung auf europäische Länder mit ähnlichen Traditionen und Werten dürfte im großen und ganzen unproblematisch sein. Die kulturellen Unterschiede halten sich in Grenzen. Anders verhält es sich jedoch bei Völkern, in denen ganz andersartige Werte und Traditionen das Leben bestimmen:

Die MediatorInnen müssen darauf achten, ob die Konfliktbeteiligten aus einem Kulturkreis kommen, in dem Werte gelten wie

Individualität und Autonomie,
Professionalität und Sachlichkeit,
Rationalität und formalisierte Verfahren,
Technik und Spezialisierung,
Leistung und Erfolg.

Oder ob sie sich orientieren an

Familien- und Gruppenabhängigkeiten,
Beziehungen und persönlichem Bezug,
Zuneigung und Gewohnheiten,
Ganzheitlichkeit und Informellem,
Rollenzuschreibung und persönlichen Netzwerken. (2)

Diese kulturellen Verschiedenheiten haben natürlich vielfältige Auswirkungen auf die Gestaltung einer Konfliktvermittlung.

Unterschiede zum nordamerikanischen Modell könnten zum Beispiel sein:

- Es wird eine weniger formalisierte Vorgehensweise bevorzugt.
- Statt anonymen, professionellen MediatorInnen werden Vertrauenspersonen aus dem Freundes- und Bekanntenkreis als VermittlerInnen gewählt, weil der persönliche Bezug wichtiger ist als die Unparteilichkeit und Neutralität.
- Die VermittlerInnen leben mit den KontrahentInnen zusammen und können ein stabilisierendes Element für die Zeit danach sein.
- Statt einzelne Problempunkte herauszukristallisieren, werden alle Aspekte des Zusammenlebens im Zusammenhang gesehen. Und statt "eins nach

---

2) Nach John Paul Lederach, The Mediator's Cultural Assumptions, in: Mediation Training Institute, Conflict Transformation: A vision and skills for peacemaking and conflict resolution in our daily lives (Mediation Training Manual), Mennonite Conciliation Service, Akron, PA (USA) 1988, A-14 bis A-17.

dem anderen" und "alles zu seiner Zeit" wird vieles gleichzeitig besprochen.

- Beziehungsfragen haben einen größeren Stellenwert als Sachprobleme.
- Ein zielstrebiges Auf-den-Punkt-kommen und ein frühzeitiges Drängen nach Selbstoffenbarung wird als Unhöflichkeit und Mangel an Respekt empfunden.
- Die direkte Kommunikation wird vermieden.
- Von den VermittlerInnen werden eher Ratschläge erwartet, als daß man sich selber eine eigenständige Konfliktlösung zutraut.
- Nicht einzelne Personen entscheiden, sondern die ganze Gruppe.
- Die Sozialverträglichkeit ist ein wichtigeres Kriterium als die Wünsche der Einzelpersonen.
- Eine Übereinkunft wird nicht aufgeschrieben und unterzeichnet. Die mündliche Abmachung gilt. (3)

Diese Aufzählung ist nicht vollständig und wird auch nicht überall so zutreffen. Wichtig ist vor allem, die eigene kulturelle Prägung zu erkennen und sich in die Werte und Gepflogenheiten anderer Gesellschaften einzufühlen.

Die Notwendigkeit, Mediationsverfahren der kulturellen und sozialen Eigenheiten der KontrahentInnen anzupassen, kann sich auch bei uns ergeben, da wir ja mit zahlreichen Menschen aus anderen Ländern und sozialen Zusammenhängen zusammenleben.

Neutralität als Prinzip?

Wie sich schon bei der Betrachtung kultureller Unterschiede ergeben hat, ist das Ideal der neutralen, von außerhalb des Konflikts kommenden MediatorInnen in Frage zu stellen. In anderen Gesellschaften ist gerade das Gegenteil erwünscht. Im Sudanesischen Bürgerkrieg und bei den Verhandlungen in Nicaragua zwischen Sandinistas und Miskitos haben z.B. Religionsgemeinschaften eine wichtige Vermittlungsfunktion innegehabt, obwohl sie enge Beziehungen zu einer der Konfliktparteien hatten. Trotzdem wurden sie von allen KontrahentInnen akzeptiert.

Zudem läßt sich das Postulat der Neutralität bei politischen Konflikten schwerer aufrechterhalten als bei Privatkonflikten. Denn politische Auseinandersetzungen berühren die Öffentlichkeit und somit auch die MediatorInnen. Sie werden sich eine eigene Meinung über den Konflikt

3) Vgl. ebd.

bilden, denn Mediationstätigkeit kann schwerlich politische Abstinenz voraussetzen. Deshalb muß auf jeden Fall von einer inneren "Voreingenommenheit" der MediatorInnen ausgegangen werden.

MediatorInnen, die von "innerhalb" des Konfliktes kommen, haben sogar einige Vorteile gegenüber neutralen Auswärtigen:

- Sie kennen den Konflikt genauer.
- Sie kennen die Konfliktbeteiligten, haben einen persönlichen Bezug zu ihnen und können deshalb besser mit ihnen umgehen.
- Die Konfliktbeteiligten kennen umgekehrt die MediatorInnen, die sich bereits im Vorfeld Respekt und Vertrauen erworben haben müssen.
- Die MediatorInnen müssen mit dem Ergebnis der Streitbeilegung leben wie die anderen. Sie werden deshalb besonderen Wert auf faire, vernünftige, effiziente und stabile Abkommen legen.
- Die MediatorInnen können bei der Umsetzung der Vereinbarungen eine stabilisierende Rolle spielen.

MediatorInnen, die auch noch "parteilich" sind in dem Sinne, daß sie mit einer Konfliktpartei eng verbunden sind, haben zusätzlich noch die Möglichkeit, ihre FreundInnen zur Teilnahme an der Mediation zu motivieren und sie zu einer konstruktiven Verhandlungsweise zu bewegen.

Die Gefahr, daß sich diese Parteilichkeit in Manipulationen zugunsten der eigenen Interessen auswirkt, ist zwar gegeben, wird aber dadurch eingeschränkt, daß MediatorInnen nur für den Mediationsablauf und nicht für die Inhalte zuständig sind. Sollten sie ihre Macht als MediatorInnen mißbrauchen, können die anderen Konfliktparteien Einspruch erheben und ihnen notfalls das Vertrauen entziehen. Zusätzlich gibt es die Möglichkeit, MediatorInnen-Teams zu bilden, die sich aus parteilichen Insidern und neutralen Außenstehenden zusammensetzen, die sich gegenseitig "kontrollieren". (4) So könnten die Vorzüge parteiverbundener MediatorInnen genutzt werden, ohne eine unzulässige Einflußnahme ihrerseits zuzulassen.

---

4) Vgl. Paul Wehr & John Paul Lederach, Mediating Conflict in Central America, in: Journal of Peace Research, vol. 28, no.1, 1991 (International Mediation), S. 85-98.

Mediation durch Mächtigere

In Betrieben und Organisationen kann es vorkommen, daß Vorgesetzte einen Streit zwischen MitarbeiterInnen schlichten wollen und dafür die Methode der Mediation wählen. Wenn sie dann selber als VermittlerInnen auftreten und das auch nach allen Regeln der Kunst auszuführen verstehen, bleibt dennoch die Frage, wie sich die Vormachtstellung der MediatorInnen auf die Streitbeilegung auswirkt. Schließlich wissen die Streitenden, daß sie es mit Vorgesetzten zu tun haben, von deren Wohlwollen sie mehr oder weniger abhängig sind. Sie werden sich vermutlich so verhalten, daß sie einen möglichst guten Eindruck bei ihren Chefs hinterlassen. Diese Wirkung wird vermutlich unabhängig davon eintreten, ob die Vorgesetzten diese Beeinflussung beabsichtigen oder nicht.

Durchaus wahrscheinlich ist es allerdings, daß die Vorgesetzten ihre Autorität und Macht bewußt einsetzen, um die Streitenden zu einer Einigung zu bewegen. Dies widerspricht jedoch dem Anliegen der Mediation, daß die Konfliktparteien in freier Selbstbestimmung eine Lösung finden.

Die gleiche Problematik findet sich auch in der Politik wieder: Bei internationalen Konflikten ist es häufig der Fall, daß Großmächte als Mediatorinnen auftreten. Wie eine solche Mediation im einzelnen aussieht und welche Auswirkung die Machtstellung der VermittlerInnen hat, läßt sich schwer einschätzen. Allerdings gibt es über die Rolle von Jimmy Carter als Vermittler etwas genauere Auskünfte: (5)

Jimmy Carter hat 1978 als Präsident der USA zwischen Israel und Ägypten vermittelt, und nach seiner Amtszeit 1989 in Nicaragua.

Seine Vermittlung im Israel-Ägypten-Konflikt auf Camp David war aus seiner eigenen Sicht durchaus ein neuer Verhandlungsansatz im Vergleich zu den bisherigen diplomatischen Bemühungen (etwa Henry Kissingers Reisediplomatie). Allerdings scheinen seine Bemühungen eher den Charakter einer geschäftsmäßigen Problemlösung gehabt zu haben, als den einer auch die emotionalen Hintergründe einschließende Konflikterhellung.

Das Problematische an der Camp-David-Mediation war jedoch vor allem die Machtposition Präsident Carters: Begin und Sadat als Kontrahenten standen unter dem existentiellen Druck, sich die Vorteile eines freundschaftlichen Verhältnisses zur Weltmacht USA sichern und

---

5) Zur Israel-Ägypten-Mediation: Tom Princen, Camp David: Problem-Solving or Power Politics as Usual? in: Journal of Peace Research, vol. 28, no.1, 1991 (International Mediation), S. 57-69.
Zur Nicaragua-Mediation: Paul Wehr & John Paul Lederach, Mediating Conflict in Central America, in: Journal of Peace Research, vol. 28, no.1, 1991 (Internat. Mediation), S. 85-98.

dementsprechende Zugeständnisse machen zu müssen. Carter drängte die beiden, zu einer Übereinkunft zu kommen, und lockte dazu mit dem Versprechen wirtschaftlicher Unterstützung in Milliardenhöhe bzw. drohte mit ernsten Konsequenzen. Nach Meinung von Tom Princen waren es "harte Verhandlungen wie üblich". (5)

Unabhängig davon, wie diese Rahmenbedingungen bewertet werden sollten, muß jedoch anerkannt werden, daß das ausgehandelte Ergebnis tatsächlich einen dauerhaften Frieden zwischen Israel und Ägypten brachte.

Die zweite bedeutende Vermittlungstätigkeit Jimmy Carters, die allerdings nach seiner Präsidentenzeit stattfand, bezog sich auf den Konflikt zwischen Sandinistas und Miskitos. Daß er hier gute und wichtige Mediatonsdienste leistete, wird - zumindest von dem an dieser Mediation beteiligten Mennoniten John Paul Lederach - nicht bestritten. In diesem Fall hatte Jimmy Carter nicht die Macht eines amerikanischen Präsidenten hinter sich, sondern nur das Prestige und die Publicity einer international bekannten Persönlichkeit. Als Mitglied eines Komitees, das die Wahlen in Nicaragua überwachen sollte, war er zudem in einer für die Sandinisten sehr bedeutsamen Position. Wehr und Lederach bescheinigen Carter, daß er von seinem Einfluß einen guten Gebrauch gemacht habe. (6)

Grundsätzlich positiv gesehen wird die Machtposition der MediatorInnen von anderen Autoren, etwa Efraim Inbar (7): Eine Supermacht ist nach seiner Meinung besser zum Vermitteln geeignet als etwa die UNO, da sie mehr Einfluß habe bzw. mehr Druck ausüben könne, um die Konfliktparteien zum ernsthaften Verhandeln zu bewegen. Außerdem könne sie eher Kompensationen anbieten für Zugeständnisse, die eine Seite machen muß. Und schließlich sei sie eher in der Lage die Einhaltung des Abkommens zu garantieren bzw. Verletzungen zu sanktionieren. (8)

Die Frage, wie eine Vormachtstellung der MediatorInnen bewertet werden soll, kann aber wohl nicht pauschal und unabhängig von der konkreten Situation beantwortet werden. Es wird sicherlich dabei eine Rolle spielen,

- ob es andere, bessere Alternativen gibt - z.B. eine erfolgversprechende Mediation durch eine nicht-dominierende dritte Seite,
- ob andere Wege der Konfliktaustragung in Frage kommen, die zu besseren Ergebnissen führen würden, und
- was die Folgen wären, wenn eine Mediation durch mächtige Dritte alternativlos unterbliebe.

---

6) Vgl. Wehr & Lederach, a.a.O., S. 94.
7) Efraim Inbar, Great Power Mediation: The USA and the May 1983 Israeli-Lebanese Agreement, in: Journal of Peace Research, vol. 28, no.1, 1991 (Intern. Mediation), S. 71-84.
8) Ebd., S. 72 u. 82.

Mediation oder gewaltfreier Widerstand?

Gewaltfreier Widerstand als Voraussetzung für Mediation

Mediation und gewaltfreier Widerstand sind zwei verschiedene Herangehensweisen an einen Konflikt. Gewaltfreier Widerstand ist kämpferisch, Mediation versöhnlich. Insofern könnte sich die Frage stellen, ob man sich für einen von beiden Wegen entscheiden muß, da sich beide ausschließen. Dies ist meines Erachtens jedoch nicht unbedingt der Fall. In mancherlei Hinsicht läßt sich Mediation mit gewaltfreiem Widerstand verbinden bzw. vereinbaren:

Mediation kann unter Umständen gewaltfreien Widerstand voraussetzen, dann nämlich, wenn ein Konflikt durch ein großes Machtungleichgewicht geprägt ist. Mit gewaltfreiem Widerstand kann eine Gegenmacht aufgebaut und zum Ausdruck gebracht werden, die bei der Gegenseite ein Interesse an einem Dialog erzeugt. Absicht gewaltfreier Widerstandsbewegungen sollte es immer sein, einen herrschaftsfreien Dialog mit den GegnerInnen herbeizuführen. Mediation ist ebenso wie das Konsensverfahren auf diesen herrschaftsfreien Dialog angewiesen. In beschränktem Maße kann sie ihn auch herstellen. Sofern das jedoch nicht möglich ist, ist Mediation nicht sinnvoll. Durch das Mittel des gewaltfreien Widerstands können jedoch die nötigen Voraussetzungen geschaffen werden.

Gewaltfrei aktiv und trotzdem MediatorIn?

Wenn also Widerstand und Mediation unter Umständen zwei Phasen derselben Auseinandersetzung sind, können dann die MediatorInnen zuvor TeilnehmerInnen an den gewaltfreien Aktionen gewesen sein? Christopher Moore schreibt, daß die Glaubwürdigkeit und Vertrauenswürdigkeit einer Mediationsorganisation und ihrer MediatorInnen u.a. auf einer "Geschichte makelloser Unparteilichkeit" beruhen. (9) Können Einrichtungen und Personen aus einer gewaltfreien Widerstandsbewegung diese Voraussetzung erfüllen? Auf den ersten Blick wohl nicht.

Zunächst muß man eingestehen, daß es wenig Sinn macht, wenn Personen, die von einem Konflikt existentiell und stark emotional betroffen sind, sich für diesen als MediatorInnen anbieten. Sie sollten lieber offen Partei ergreifen und an gewaltfreien Aktionen teilnehmen. Nur: Sind sie dann auch für die Mediationsaufgabe in anderen Konflikten disqualifiziert? Sie haben ja keine "weiße Weste" mehr, was Unparteilichkeit angeht.

---

9) Christopher W. Moore, The Mediation Process. Practical Strategies for Resolving Conflict, San Francisco 1986, S. 51.

Wie schon dargelegt, gibt es jedoch mittlerweile eine Diskussion darüber, inwieweit nicht eine gewisse Parteilichkeit akzeptiert werden kann oder sogar von Vorteil ist - wegen der "Innenansicht" des Konfliktes und der genaueren Kenntnisse seiner Beteiligten. Da es doch vor allem darauf ankommt, daß die MediatorInnen das Verfahren sachgerecht anleiten, den inhaltlichen Ausgang nicht im eigenen Interesse beeinflussen und das Vertrauen der Konfliktparteien genießen, braucht das Kriterium der Unparteilichkeit nicht zu eng gefaßt zu werden. Sinnvollerweise sollte es lediglich auf die **Mediationstätigkeit** solcher Personen bezogen werden und nicht auf ihr politisches Engagement. Andernfalls müßten alle engagierten und politischen Leute von der MediatorInnen-Aufgabe ausgeschlossen werden - und das macht ja keinen Sinn, besonders bei politischen Mediationen!

Vorzüge gewaltfreier MediatorInnen

Personen aus der gewaltfreien Bewegung könnten - trotz ihrer Parteilichkeit - für politische Konflikte geradezu geeignete MediatorInnen sein: Sie haben trotz ihrer Verbundenheit mit der Widerstandsbewegung auch eine kritische Distanz zu ihr, sofern Gewaltbereitschaft und Feindseligkeit aufkommen. Dies trifft auch auf das Verhältnis zu staatlichen und wirtschaftlichen Funktionsträgern zu, gegenüber denen sie zwar gesprächsbereit und gewaltfrei sind, deren Gewaltmittel und Herrschaftsstellung sie jedoch ablehnen. Sie haben also beiden Seiten gegenüber positive Anknüpfungspunkte, aber auch eine gewisse Distanz - eine Mischung, die sie für die Mediationsaufgabe vertrauenswürdig machen kann. Ihre Akzeptanz könnte demnach gerade aus der spezifisch gewaltfreien Haltung erwachsen: Auftreten gegen Unrecht und Unterdrückung und gleichzeitig Eintreten für faire Methoden, Dialogbereitschaft und Achtung der Menschen.

Widerstands-Mediation

Mediation kann schließlich auch als Teil des gewaltfreien Widerstandes genutzt werden. Zum Beispiel, wenn es in der Widerstandsbewegung Konflikte gibt, die den Widerstand insgesamt schwächen. Durch Mediation zwischen den Widerstandsgruppierungen können möglicherweise diese Konflikte überwunden und dadurch der Weg für ein gemeinsames Vorgehen geebnet werden. In eine solche "Mediation von unten" könnten durchaus auch Kommunalverwaltungen oder Landesregierungen einbezogen werden, wenn sie - wie etwa im Falle der Kernenergie - im Konflikt mit der Bundesregierung oder mit mächtigen Wirtschaftsunternehmen stehen, aber gleichzeitig auch in Auseinandersetzungen mit Basisinitiativen verwickelt sind.

Teil 7: **Handwerkszeug**

Grundtechniken

Im Verlaufe der Mediationssitzung(en) werden sich in jeder Phase zahlreiche Situationen ergeben, in denen sich spezielle Probleme ergeben. Eine große Hilfe ist es dann, wenn die MediatorInnen auf Methoden zurückgreifen können, die zur Bearbeitung dieser Probleme tauglich sind. Diese Methoden seien hier "Handwerkszeug" genannt:

Wie HandwerkerInnen ihr Handwerkszeug haben und jedes Werkzeug für einen bestimmten Zweck gebrauchen - und für andere nicht -, so sollten MediatorInnen immer ihr Handwerkszeug "dabeihaben", den Umgang mit ihm beherrschen und es an der richtigen Stelle einsetzen. Es gibt zwar kein spezielles "Mediations-Handwerkszeug", die Methoden können jedoch aus vielen anderen Bereichen (Therapie, Gruppendynamik, Gesprächsmoderation, Beratung, gewaltfreie Trainingsarbeit, Erwachsenenpädagogik etc.) übernommen werden.

Einige Techniken sollte allerdings jede Mediatorin und jeder Mediator auf jeden Fall kennen und beherrschen. Im Verlauf der Mediation sollten auch die KontrahentInnen damit vertraut gemacht werden:

Ich-Botschaften

Wenn jemand etwas über die eigene Meinung oder die eigenen Gefühle mitteilen will, so soll das in der "Ich-Sprache" geschehen. Formulierungen mit "man" oder "wir" beziehen andere ungefragt mit ein und verbrämen die eigenen Ansichten mit einem Schutzschild von Allgemeinheiten. Für eine Konfliktlösung ist eine "ungeschützte" Formulierung hilfreicher.

Eine Ich-Botschaft besteht aus einem Gefühlsteil und einem Tatsachenteil (Emotion und Information): Die eigenen Gefühle werden in der Ich-Form zum Ausdruck gebracht. Was diese Gefühle ausgelöst hat, wird im sachlichen Informationsteil der Botschaft mitgeteilt:

Beispiel: *"Ich bin enttäuscht darüber, daß Du Dein Versprechen nicht eingehalten hast!"*

Über Gefühle kann nicht argumentiert werden, sie sind da und müssen ernstgenommen werden. In der Ich-Form ausgesprochen, werden sie nicht zur verletzenden Kritik an der anderen Person, wie es oft bei "Du-Botschaften" *(z.B. "Du bist ein Lügner!")* der Fall ist.

Spiegeln

"Spiegeln" oder "paraphrasieren" bedeutet, mit den eigenen Worten kurz wiederzugeben, was der oder die andere gesagt hat.

Das Spiegeln ist das wichtigste Mittel, um dem Gegenüber deutlich zu machen, daß man intensiv zuhört, und um zu überprüfen, ob man wirklich alles richtig verstanden hat. Mißverständnisse können dadurch weitgehend vermieden werden.

Regeln:

- Stelle die Sichtweise der anderen Person dar!
  "Du schlägst vor, daß ..." "Du hast Dich gestört gefühlt, als ich ..." (Du-Formulierungen)
- Nimm Fakten und Gefühle wahr!
  "Du meinst, ich habe Dir nie die Chance gegeben, das Problem aus Deiner Sicht zu erklären, und das hat Dich um so wütender gemacht."
- Bewerte nicht beim Spiegeln!
  "Du hast Dich unfair behandelt gefühlt..." - NICHT: "Ich hätte mich an Deiner Stelle genauso gefühlt."
- Halte Dich kurz, viel kürzer als Dein Gegenüber!
- Wenn Du das Spiegeln unangenehm findest, kannst Du eine Brücke benützen, die es Dir leichter macht:

  "Ich möchte nur sicher gehen, daß ich Dich richtig verstanden habe. Du ..."
  "Also im Grunde sagst Du ..."
  "Laß mich mal probieren, ob ich in meinen eigen Worten sagen kann, was Du mir eben erzählt hast, bevor ich Dir antworte ..."

  Wenn Du bestimmte Brücken ständig benutzt, hörst Du nicht wirklich zu, verstehst Du Dein Gegenüber nicht, sondern tust nur so!

Achtung! Häufiger Gebrauch des Spiegelns kann dazu führen, daß die andere Person den Eindruck bekommt, sie könne sich nicht richtig ausdrücken und nicht für sich selber reden. Deshalb das Spiegeln nur bei wichtigen Botschaften anwenden!

Aktives Zuhören

"Aktives Zuhören" bedeutet ein einfühlendes Zuhören, bei dem man zu verstehen sucht, was die andere Person fühlt und zum Ausdruck bringen möchte. Wer sich verstanden und akzeptiert fühlt, braucht sich nicht ständig zu wiederholen und ist eher bereit, auch die andere Seite anzuhören.

Beim aktiven Zuhören sollen über das reine Spiegeln hinaus auch die versteckten Gefühle hinter den Fakten "entschlüsselt" und mitgeteilt werden. Gelingt die Entschlüsselung, wird sich die erzählende Person wirklich verstanden fühlen und über ihre eigenen Gefühle klarer werden.

Aktives Zuhören ermutigt zum Mehr-Erzählen. Das Gespräch kann an Tiefe gewinnen, und die Erzählenden werden ruhiger.

Wichtig: Aktives Zuhören und Spiegeln bedeutet nicht, daß man die gehörte Meinung teilt! Es geht hierbei nur um das richtige Verstehen des Gesagten und der anderen Person!

Aussagen umformulieren

Feindselig formulierte Aussagen führen dazu, daß sich die Angesprochenen verteidigen wollen bzw. zum "Gegenangriff" übergehen. Der eigentliche Kern der Botschaft geht dabei meist unter. In einem Streit kommt diese Art destruktiver Kommunikation oft vor. Die MediatorInnen können eingreifen, indem sie wertende, verletzende oder provozierende Äußerungen in eine neutrale, annehmbare Sprache umformulieren.

Beispiel: "*Ich wäre ja zu Zugeständnissen bereit, wenn er nicht so dickköpfig auf diesen Punkt beharren würde!*"
kann umformuliert werden in:
"*Sie wären also zu Zugeständnissen bereit, wenn er in diesem Punkt mit sich reden ließe.*"

Zusammenfassen

Die MediatorInnen sollten immer wieder das Gesagte ordnend und strukturierend zusammenfassen. In eigener Regie können sie dabei Unwichtiges aussortieren und das Wichtige auf den Punkt bringen. Sie helfen den KontrahentInnen dadurch, den roten Faden des Gesprächs wiederzufinden und Klarheit in ihre eigene Gedanken- und Gefühlswelt zu bekommen.

Zusammenfassungen zeigen - wie das Spiegeln -, daß das Gesagte angekommen und verstanden worden ist.
Zusammenfassungen bieten den MediatorInnen die Gelegenheit, ordnend in das Geschehen einzugreifen, einzelne Gesprächsphasen abzuschließen und den Blickpunkt auf ein neues Thema zu lenken.

Getrennte Einzelgespräche

Während das Mediationsgespräch normalerweise mit allen Konfliktbeteiligten stattfindet, kann es auch Situationen geben, in denen getrennte Einzelgespräche durchgeführt werden müssen.

Das ist dann der Fall,

- wenn das Gespräch in einer Sackgasse zu enden droht, da keinerlei Flexibilität oder Bereitschaft zu Zugeständnissen gezeigt wird;
- wenn KontrahentInnen zu emotional werden, ständig die Grundregeln verletzen, Abmachungen brechen, unrealistische Zugeständnisse machen, kein Vertrauen mehr haben oder Macht ausspielen und Druck ausüben;
- wenn alles andere nichts mehr nützt;
- wenn eine Konfliktpartei ein Einzelgespräch wünscht, um Dinge mitzuteilen, die sie vor den Ohren der anderen nicht ansprechen will: z.B. wenn sie zu Zugeständnissen bereit ist, dies aber nicht zugeben möchte, da es ihr als Schwäche ausgelegt werden könnte.

Der Inhalt der Einzelgespräche muß vertraulich bleiben, außer die MediatorInnen haben die Erlaubnis, den anderen Parteien etwas davon mitzuteilen.

Damit kein Verdacht der "Kungelei" aufkommt, sollte der mögliche Gebrauch von Einzelgesprächen schon in der Einleitungsphase erwähnt und begründet worden sein, und die MediatorInnen müssen durch ihre bisherige Gesprächsführung ihre Unparteilichkeit und Vertrauenswürdigkeit unter Beweis gestellt haben.

Einzelgespräche erfordern eine gewisse Achtsamkeit, da nicht ausgeschlossen werden kann, daß die Konfliktparteien ein solches Gespräch dazu nutzen wollen, die MediatorInnen auf die eigene Seite zu ziehen.

Weiteres wichtiges "Handwerkszeug" sind die Regeln der themenzentrierten Interaktion (**TZI-Regeln**) nach Ruth Cohn. (1)

---

1) Vgl. Lutz Schwäbisch & Martin Siems, Anleitung zum sozialen Lernen für Paare, Gruppen und Erzieher. Kommunikations- und Verhaltenstraining, Reinbek 1974, S. 161-163; oder: Werkstatt für Gewaltfreie Aktion, Baden, Konsens - Anleitung zur herrschaftsfreien Entscheidungsfindung, Freiburg 1991 (2. Aufl.), S. 64.

Konfliktbearbeitungs-Phase

Techniken und Methoden, die vorwiegend in der Phase der Konfliktbearbeitung (Sichtweise der einzelnen - Konflikterhellung) angewendet werden können, sind:

Fragen (2)

- "Einfache" Fragen sollten möglichst sparsam verwendet werden; andernfalls könnte sich die befragte Person ausgefragt oder wie in einem Verhör vorkommen.
- Es sollten in dieser Phase möglichst offene Fragen verwenden werden. Offene Fragen sind Fragen, die keine Antwortkategorie vorschreiben.
- Fragen, durch die eine eigene Vermutung überprüft werden soll, sind zu vermeiden. Es besteht sonst die Gefahr, daß ein fürchterliches Nachdenken und Bemühen, eine "richtige" Antwort zu geben, einsetzt.

Beispiele für gute Fragen:

"*Was geht in Ihnen jetzt vor (wenn Sie das so hören)?*"
"*Was hat das für Hintergründe, wenn Sie so klar sagen: 'Nein, das will ich nicht!'?*"
"*Was möchten Sie jetzt? Sie sagen: 'Das kommt gar nicht in Frage!' - Können Sie noch etwas mehr darüber sagen? Sie sagen, das würden Sie nie tun -, können Sie sagen, was Sie daran hindert?*"
"*Sie sagen: 'Das wäre ja wohl das letzte!' Was stört Sie am meisten dran?*"

Zur Aussage auffordern

Als Einstieg ins Gespräch können Fragen bzw. Aufforderungen folgender Art nützlich sein:

"*Können Sie vielleicht etwas schildern, was Sie dazu gebracht hat, daß Sie nun hier zusammen mit Ihrem Mann sitzen?*"
Oder später: "*Was macht sie so verzweifelt? Was drücken die Tränen aus?*"

Die KontrahentInnen sollen lernen, gerade in schwierigen Situationen alles, was ihnen klar ist, in Worte zu kleiden und sich auszudrücken.

---

2) Ab hier bis zur nächsten Fußnote (außer "Schweigen" und "Echo-Antworten") nach Christoph Thomann & Friedemann Schulz von Thun, Klärungshilfe. Handbuch für Therapeuten, Gesprächshelfer und Moderatoren in schwierigen Gesprächen, Reinbek 1988, S. 77ff, S. 103ff, S. 122ff, S. 286ff. (Der "Klärungshelfer" entspricht dem/der "MediatorIn".)

Zur Reaktion auffordern

"Wie reagieren Sie darauf?"
"Was löst das bei Ihnen aus?"
"Wußten Sie das schon?"
"Was sagen Sie dazu?"
"Ist das neu für Sie? Oder ist das altbekannt?"

Schweigen

Werden Antworten gegeben oder Behauptungen aufgestellt, die offensichtlich überzogen sind, kann ein "vernehmbares" Schweigen darauf der betreffenden Person ihren Fehlgriff bewußtmachen und sie zu einer Korrektur bewegen.

Echo-Antworten

Ein Wort oder ein Satz der sprechenden Person wird wiederholt, um so deren Aufmerksamkeit unaufdringlich auf das zu richten, was einem noch unklar ist. Echo-Antworten erlauben es, den Gang des Gesprächs zu lenken, ohne es groß zu unterbrechen.

Beispiel:

> "*Seine Hunde sind riesig groß, beängstigend und bellen den ganzen Tag...*"
> "*Beängstigend.*"
> "*Ja, sie kommen auf einen zugerannt, und ich habe Angst, daß sie die Kinder oder mich beißen. ...*"

Drastifizierendes Zuhören

Das drastifizierende Zuhören ist eine Unterart des aktiven Zuhörens.

Zum Beispiel wird die Aussage "*Es stört mich manchmal schon ein bißchen, wenn mein Partner trödelt.*" gespiegelt als
"*Wenn Ihr Partner also herumtrödelt und Sie warten läßt, kommen Sie allmählich innerlich in Weißglut. Sie fühlen sich dann nicht ernst genommen.*"
Aus "*stört mich ein bißchen*" wurde "*in Weißglut*" *kommen.*

Damit wird ausgedrückt, daß Aggressionen wahr- und ernstgenommen werden sollen.

Kontrasuggestion

Die Kontrasuggestion gehört zu den drastifizierenden Reaktionsweisen, wobei eine paradoxe Absicht hinzukommt. Eine bestimmte Wirkung soll erzielt werden, indem das Gegenteil von dem unterstellt wird, was man eigentlich erreichen möchte. Die Kontrasuggestion soll zum Widerspruch reizen, falls einer vorhanden ist.

Beispiel: "*Es macht Ihnen also nichts aus, wenn Ihnen die anderen nicht mehr vertrauen. Sie sind sich Ihrer Sache sicher und brauchen das Vertrauen und die Anerkennung von anderen nicht.*" (ohne ironischen Unterton oder hämisches Lächeln!)

Konkretisieren lassen

Bei vagen und indirekten Aussagen, die keine "Angriffsfläche" bieten, sollten die MediatorInnen zum Konkretisieren auffordern, z.B. durch direktes Nachfragen:
"*Wissen Sie ein Beispiel?*"; "*Können Sie das mal konkreter sagen?*"

Ins-Blaue-hinein-Vermuten

Falls die Aufforderung zum Konkretisieren nichts bewirkt oder sogar Widerstand hervorruft, kann die Methode des "Ins-Blaue-hinein-Vermutens" weiterhelfen:

Beispiel: Auf die allgemeine Aussage "*Gewisse Verhaltensweisen von ihm gehen mir gegen den Strich*" kann ins Blaue hinein konkretisiert werden: "*Es geht Ihnen z.B. gegen den Strich, wenn seine Socken auf dem Eßtisch liegen.*" Daraufhin wird eine Berichtigung erfolgen, indem ein zutreffendes Beispiel genannt wird: "*Nein, nein, das tut er nicht, aber wenn er zum Beispiel ...*"

Die Botschaft des Körpers ermitteln

"Die direkteste Leitung zum Selbst des Klienten stellen seine Mimik und Gestik dar, sie entziehen sich meist seiner bewußten Kontrolle und sprechen mit. Ein Seufzer, ein Lachen, ein Mit-den-Fingern-Spielen, eine abrupte Änderung der Sitzhaltung verraten oft mehr, als das scheinbar eindeutige explizite Anliegen.

Das Ansprechen nonverbaler Kommunikation soll dabei nicht im Sinne des enthüllenden 'Ich weiß, was in dir vorgeht' oder 'Jetzt habe ich dich ertappt' geschehen, sondern eher in der Art von 'Laß uns zusammen herausfinden, wie das zur Klärung deiner inneren und äußeren Situation beiträgt'. Dabei bleibt der Klient letztlich Fachmann seiner selbst." (S. 82)

Mögliche Fragen:

"Wenn Ihr Seufzer sprechen könnte, was würde er jetzt sagen?"

"Merken Sie, daß Sie lachen? Ist Ihnen zum Lachen zumute? Was macht Sie lachen?"

Das Aufgreifen von Körpersignalen wird oft als "Übergriff" in das Hoheitsgebiet der Intimität empfunden, deshalb vorher Erlaubnis einholen!

Oder die betroffene Person reagiert erschreckt und unterdrückt ihr Körpersignal. In diesem Fall sollte sogleich klarstellt werden, daß es nicht darum geht, 'schlechte Manieren' zu kritisieren, sondern daß in solchen Gesten willkommene Boten der inneren Wahrheit stecken.

Verbale Hinweise aufgreifen

Verschiedene, häufig gebrauchte kleine Wörter wie "an sich, ja", "eigentlich, doch", "im Prinzip" können Hinweise zur eigentlichen Befindlichkeit der Person geben:

"Eigentlich haben wir es schön zusammen."

"Im Prinzip bin ich dafür."

"Das müßte er ja wissen."

"An sich meint sie es gut."

"Oft deuten diese kleinen Wörter an, daß direkt das Gegenteil des Gesagten subjektiv wahr ist, oder daß es doch mindestens noch eine zweite weniger attraktive, weniger linientreue oder weniger gesehene Seite gibt." (S. 84)

Versprecher

Kleine Versprecher können Direktleitungen zu den eigentlichen Ansichten, geheimen Hoffnungen und Befürchtungen sein.
Beispiel: "psychologischer *Hinterhalt*" statt "*Hintergrund*".

Schlüsselsätze beachten

"Schlüsselsätze sind Aussagen, die jemand über sich und seine innere momentane oder grundsätzliche Wahrheit macht.

Dem Zuhörer geben sie ein Aha-Erlebnis und schließen damit bisher unerklärliche Erlebens- und Verhaltensweisen auf.

Beispiele:

'Ich muß immer wissen, was auf mich zukommt.'

'Wenn man mich löchert und in mich eindringt, dann werde ich ungemütlich.'" (S. 86)

Sie können als Ausgangspunkt für eine vertiefte Selbstklärung genommen werden.

Symptome aufgreifen

Symptome wie Kopfweh, Brustschmerzen, Händezittern können als "eingefrorene" Botschaften wieder aufgetaut werden.

Das heißt z.B. bei Kopfschmerzen:

"*Ich habe Angst.*"

"*Ich fühle mich hilflos.*"

"*Ich fühle mich abhängig.*"

"*Ich brauche Harmonie.*"

etc.

Bildersprache, Analogien und Metaphern

Besonders ergiebig ist es, sich in Bilder, Beispiele und Analogien, die im Gespräch geäußert werden, hineinzubegeben und selber darin weiterzudenken:

"*Sie benutzen viele kriegerische Ausdrücke. - Fühlen Sie sich fast so wie im Krieg, wenn Sie an Ihre Ehe (Team, Arbeitsgruppe, Abteilung) denken?*"

Den direkten Kontakt wiederherstellen

Das Gesagte direkt an den Partner richten lassen:

"*Sagen Sie das mal Ihrem Partner direkt ins Gesicht.*"

"*Sagen Sie das mal ihm/ihr!*" oder

nonverbales, den Weg weisendes Handzeichen

Das kann aber auch "zu direkt" sein und deshalb Widerstände auslösen (wie in der Schule behandelt werden!). Deshalb ist oft das "Doppeln" besser:

Doppeln

Das "Doppeln" kann angewendet werden, wenn man das Gefühl bekommt: "*So wird das nie etwas! So, wie die jetzt miteinander reden, werden sie einander nie erreichen!*"

In solchen Situationen wäre es wenig hilfreich, dieses Gefühl den Klienten seufzend mitzuteilen. Statt dessen kann "gedoppelt" werden:

- Zuerst muß die Erlaubnis eingeholt werden, daß die MediatorIn einen "doppelt":
  "*Darf ich neben Sie kommen und etwas für Sie zu Ihrem Partner sagen, und Sie sagen anschließend, ob das stimmt?*"
- Dann spricht die MediatorIn für die gedoppelte Person den Partner in hilfreichen, kommunikationsfördernden Worten an.
- Anschließend wird die Zustimmung zu der Aussage eingeholt:
  "*Stimmt das so für Sie?*"
  Falls es nicht ganz stimmt, soll die gedoppelte Person es ergänzen, korrigieren oder neu formulieren. Stimmt es, kann sie unter Umständen gebeten werden, das Gesagte noch einmal mit eigenen Worten selbst dem Partner zu sagen.

<u>Unterschied zum aktiven Zuhören:</u>
- Ich-Sprache statt Du-Sprache,
- deshalb dialoghaft angelegt,
- deshalb auch am Anfang die PartnerIn mit Rufnamen ansprechen!
  ("*Weißt Du, Gerda...*" - Der eigene Name ist ein "Sesam-öffne-dich-Wort"!)

(S. 108ff)

Verständnisüberprüfung

"Es ist im allgemeinen nicht üblich, seinem Partner zu sagen, was und wie man ihn verstanden hat. Statt dessen wird leichthin geäußert. 'Ja, ja, das versteh' ich schon', oder: 'Ich verstehe dich ja schon grundsätzlich.' Das hat paradoxerweise die Wirkung, daß sich der so Angesprochene gerade dadurch nicht verstanden fühlt, besonders, wenn das 'Aber' nachfolgt, das in diesem Zusammenhang ein Kennzeichen für Verständnislosigkeit ist." (S. 122)

Es kann eine Übung zur Verständnisüberprüfung gemacht werden:
"*Sagen Sie mal, was sie bis jetzt von ihr verstanden haben: Wie es ihr geht. Was Sie glauben, was in ihr vorgeht.*"

Dagegen kann es mannigfaltige Widerstände geben. "Wird die Übung dann tatsächlich durchgeführt, zeigt sich häufig, wie wenig Verständnis die Partner wirklich füreinander haben. Ohne es zu merken, beginnen sie bereits nach dem dritten Satz mit der Begründung, Verteidigung und Rechtfertigung des eigenen Standpunktes oder lamentieren über den Partner. Dies ist der Grund dafür, warum diese Methode besonders in den ersten Sitzungen durch das Doppeln ersetzt wird." (S. 124)

Gesprächsdiagnose

Die MediatorInnen beobachten das Gespräch und erläutern den KontrahentInnen, was sie gesehen und gehört haben und ihre Vermutungen über die Auswirkungen auf den Konflikt.

Ich-Du-Kernsätze austauschen

Beispiel: "*Ich möchte mal, daß Sie Ihrer Frau den Satz sagen: 'Ich möchte alles für dich tun, damit es dir gutgeht.' Sagen Sie ihr das mal direkt, damit sie das auch weiß.*" (S. 129)

Reaktion kann ein Gefühlsausbruch sein. "Das ist nicht das Ziel der Methode, manchmal jedoch eine Begleiterscheinung. Der Austausch von Kernsätzen kann als Initialzündung für eine Verständigung und ein Verstehen auf existentieller Ebene wirken, so daß als Antwort nur noch bleibt: 'So ist es.'" (S. 130)

Rollenspiele

<u>Wunsch-Rollenspiel</u>

Dem Konfliktpartner B wird durch ein Rollenspiel anschaulich gemacht, wie A von ihm behandelt werden möchte.
Dazu spielt die MediatorIn die Rolle von A, während A die erwünschte Rolle von B spielt.
Nach dem Spiel kommentieren alle Beteiligten das Ganze.

<u>Vergangenes Ereignis</u>

"Eine bestimmte Situation, an die sich alle gut erinnern können, wird möglichst so gespielt, wie es tatsächlich abgelaufen ist. Das vergrößert bei den Klienten das Bewußtsein und bildet für den Klärungshelfer die Grundlage für Diagnose und Therapieschritte." (S. 138)

Rollenwechsel

"Ein vergangenes Ereignis wird so gespielt, wie es war, aber mit vertauschten Rollen. Das zwingt jeden Beteiligten, sich besser in die Haut des anderen zu versetzen." (S. 138)

Wunschzustand

"Ein Beteiligter ist der Regisseur des Spieles. Er gibt den anderen Mitspielern seine eigenen Wunschvorstellungen als Spielinstruktion. Den Mitspielern wird dadurch möglich, den Regisseur besser kennenzulernen sowie sich mit seinen Wünschen auseinanderzusetzen." (S. 139)

Die schlimmste aller Möglichkeiten

"Dieses Rollenspiel hat die Desensibilisierung des Rollenspielers vor der Katastrophenangst zum Ziel. 'Was könnte im schlimmsten Fall passieren?' Oder: 'Was wäre, wenn...?'

Der allgemeine Ablauf ist bei all diesen Formen gleich:

- Die SpielerInnen müssen instruiert sein und Zeit, Ort und Situation der Handlung hinreichend kennen. Das Ziel des Spielens kann von den MediatorInnen umrissen werden.
- Die Dauer und der Art des Abbruches soll festgelegt sein: Wer und wie?
- Die MediatorInnen organisieren eine Einführung in Rollen und Situation.
- Dann wird gespielt (Spielphase)
- Auswertung. Die MediatorInnen regen die Beteiligten zum Überdenken an: *'Wie war es für mich? Wie habe ich mich gefühlt? Was erkenne ich daraus?'*
- Bei besonders bizarren Rollenwechseln müssen die SpielerInnen wieder aus ihren Rollen entlassen werden: *"Du bist jetzt nicht mehr der böse Vater, den du vorher gespielt hast, sondern du bist jetzt wieder Karl."* (S. 139)

Kommunikationstheater mit ZuschauerInnen

Die KontrahentInnen werden hier ZuschauerInnen bei ihrem eigenen "Spiel". Die MediatorInnen übernehmen die Rollen der KontrahentInnen.

1\. Akt: Die Ist-Situation wird den KontrahentInnen drastisch, aber nicht übertrieben vor Augen gestellt.

2\. Akt: Die MediatorInnen zeigen einen realistischen Wechsel in befriedigendere Bahnen auf. Die Art der KontrahentInnen und ihre Grundsituation werden respektiert und beibehalten.

Diese Methode kann angewendet werden, wenn die KontrahentInnen den Dialog gar nicht kennen und ihn erst einmal erleben müssen.

Standbild

Ist-Standbild und Wunsch-/Ideal-Standbild:

Einer ist BildhauerIn, die andere ist das "Material": "*Er wird Sie so formen, daß einer, der im Auto daran vorbeifährt, und nur zwei Sekunden Zeit hat, sofort sieht, wie Sie zueinander stehen...*" Man darf und soll etwas übertreiben und drastisch darstellen. Alles geht ohne Worte, nur mit Gesten und Mimik. Die MediatorInnen dürfen reden und Hilfe leisten.

Zum Schluß soll sich der Bildhauer selbst in das Standbild einbauen: "*Wo stehen Sie selber in diesem System?*" Dann sollen alle sich "einfrieren" und eine Minute in der Position aushalten, um sich ihrer Gefühle in dieser Skulptur bewußt zu werden.

Anschließend befragen die MediatorInnen alle nach ihren Gefühlen zu sich selbst und zu den anderen.

Nachher können auch andere ihre Skulptur aufbauen. Wenn möglich, sollte nach den oft brüskierenden und schockierenden Erkenntnissen der Ist-Skulptur noch eine Möchte-Skulptur oder ein Idealstandbild aufgestellt werden. (S. 287)

Variationsmöglichkeit: Eine MediatorIn tauscht mit einer Standbild-Person, so daß diese ihre eigene Rolle von außen betrachten kann.

"Nicht selten erinnern sich Klienten noch nach längerer Zeit an ein Bild, besonders an eines, das der Partner gestellt hat." (S. 290)

Statuen-Theater nach Augusto Boal (3)

Ähnlich wie "Standbild". Hinzu kommt eine Phase, in der das Ist-Standbild im Zeitlupentempo in das Wunsch-Standbild verändert wird. Bei dieser Bewegung wird deutlich, wer sich verändern muß und in welcher Richtung.

---

3) Augusto Boal, Theater der Unterdrückten, Frankfurt 1979.

Problemlösungs-Phase

Folgende Methoden können vor allem in der Problemlösungs-Phase hilfreich sein:

"Geschlossene" Fragen

In dieser Phase ist es - im Gegensatz zur Phase der Konfliktbearbeitung - hilfreich, "geschlossene" Fragen zu stellen, d.h. Fragen, die auf eindeutige und kurze Antworten hin angelegt sind:

"*Wann soll die Kehrwoche gemacht werden?*"
"*Wäre das eine Lösungsmöglichkeit für Sie?*"

Gemeinsame Problemliste (4)

Damit die Probleme nicht als gegensätzliche Sichtweisen, sondern als gemeinsame Anliegen betrachtet werden, sollen die Probleme von allen KontrahentInnen zusammen auf einer Liste aufgeschrieben werden.

Trennung von Ursachen und Symptomen

1. Gemeinsam eine Liste von Problemen und Anliegen erstellen.
2. Die Liste durchgehen und nach Ursachen und Symptomen unterscheiden: Probleme mit "U"(=Ursache) bzw. "S" (=Symptom) kennzeichnen!
3. Ursachen und Symptome nach Prioritäten ordnen!

Beides behandeln! Bei Symptomen reicht meist ein einfaches Rezept, bei Ursachen ist dagegen ein längerfristiges Planen und Verändern notwendig.

Problemverständnis-Übung

Um zu prüfen, ob die KontrahentInnen sich gegenseitig wirklich verstanden haben, sollen sie jeweils den Standpunkt der Gegenseite wiederholen. Das Gesagte auflisten und von der anderen Seite auf Richtigkeit hin überprüfen lassen! (vgl. auch "Verständnisüberprüfung", S. 125)

---

4) Ab hier bis zur nächsten Fußnote nach Mediation Training Institute, Conflict Transformation: A vision and skills for peacemaking and conflict resolution in our daily lives (Mediation Training Manual), Mennonite Conciliation Service, Akron, PA (USA) 1988, D-6 bis D-8.

Brainstorming (Gedankensturm)

Zu einer Frage oder einem Stichwort sollen alle möglichen Ideen, die einem dazu spontan einfallen, gesagt und auf eine Wandzeitung aufgeschrieben werden. Diese Ideen sollen keine Kurzvorträge sein und nur stichwortartig notiert werden. Eine Zensur oder Bewertung findet während des Gedankensturms nicht statt. Auch soll über die Ideen noch nicht diskutiert werden. Alles wird aufgeschrieben, selbst abstruse Ideen: sie regen die Phantasie an und führen oft zu brauchbaren neuen Gedanken.
Das ganze Brainstorming soll nicht zu lange gehen: 2-5 Minuten reichen meist.

Anschließend können die einzelnen Ideen erläutert werden. Die interessantesten werden herausgenommen und zu Lösungsvorschlägen weiterentwickelt.

Kartenabfrage

Ähnlich wie der Gedankensturm, nur schreiben alle ihre Ideen auf Karten, die vorher verteilt wurden - auf jede Karte nur ein Stichwort! Die Karten werden gesammelt und (geordnet) ausgelegt bzw. aufgehängt.

Variation: Gedankensturm und Kartenabfrage können auch von Außenstehenden durchgeführt werden. Auf diese Weise können neue Ideen zur Problemlösung entstehen.

Plus-Minus-Karten

Zur Bewertung und zum Vergleich von Ideen.

Jede Idee wird auf eine Karte geschrieben und auf der einen Seite die Vorteile und auf der anderen die Nachteile notiert.

Helfende und hinderliche Kräfte

Wie bei Plus-Minus-Karten, nur werden hier die helfenden und hinderlichen Kräfte notiert und dann geschaut, wie die helfenden Kräfte verstärkt und die hinderlichen geschwächt werden könnten.

Vorweggenommene Auswirkungen

Die Auswirkungen, die eine vorgeschlagene Lösung auf die Betroffenen haben könnte, sollen untersucht und aufgelistet werden. Dies hilft, eine emotionale Diskussion sachlicher zu machen.

Kriterien-Liste für Lösungen

Bevor Lösungsvorschläge diskutiert werden, soll eine Liste von Kriterien erstellt werden, nach denen die Lösungen bewertet werden. Diese Kriterien sind meist identisch mit den wichtigsten Hintergrund-Interessen der KontrahentInnen.
Diese Methode ist besonders angebracht bei hochkomplexen Streitfällen.

Rollenverhandeln (nach Roger Harrison)

"Schritte:

A) *Vertragssetzung:* Jedes Mitglied bereitet eine Liste für jedes andere Mitglied vor:
   1. Dinge, die Du mehr tun solltest.
   2. Dinge, die Du weniger tun solltest.
   3. Dinge, die Du so weiter tun solltest.

B) *Austausch und Klärung:* Jeder schreibt eine Liste seiner Punkte, hängt sie an die Wand und kann Klärungen erfragen.

C) *Rollenverhandeln:* Nach der Klärung entscheiden sich die einzelnen Mitglieder für den im Vordergrund stehenden Bereich und setzen sich mit einem zweiten Mitglied zusammen und beginnen mit Hilfe eines Dritten zu verhandeln.

D)*Schriftliche Rollenverhandlungs-Vereinbarung*
Getroffene Vereinbarungen werden ausformuliert (mit Zeitplanung und Evaluation)" (5)

Rollenbotschaft

Rollenveränderungsvorschläge können schriftlich direkt an die gemeinte Person gesendet werden.
Schema eines solchen Briefes:

"An: ________________________ (Empfänger der Rollenbotschaft)
Von: ________________________ (Name des Senders)

Um mitzuhelfen (Füllen Sie hier das 'warum' aus)_______________
____
____
____ mußt Du:

5) Gerhard Fatzer, Teamsupervision als Organisationsentwicklung, S. 263, in: Gerhard Fatzer (Hg.), Supervision und Beratung, 3. Auflage, Köln 1991, S. 257-276.

1. Mehr ('was') ____

2. Gleichviel ('was') ____

3. Weniger ('was') ____

Gebrauchen Sie mindestens eine dieser Kategorien, besser noch wären drei. An der 'Gleichviel'-Kategorie signalisieren Sie Unterstützung eines bestehenden Verhaltens." (6)

Ein-Text-Verfahren (7)

Dies ist ein Verfahren, um zu verhindern, daß die KontrahentInnen jeweils ihre eigenen Lösungspläne ausarbeiten, diese jedoch nicht miteinander vereinbar sind. Deshalb arbeiten eine Konfliktpartei oder die vermittelnden Dritten einen Plan aus, den sie allen KontrahentInnen zur Kritik vorlegen. Die Kritikpunkte werden in einem folgenden, verbesserten Entwurf berücksichtigt. Dieser neue Entwurf wird den Konfliktparteien wieder zur kritischen Begutachtung vorgelegt und wunschgemäß verändert. Dies geht so lange, bis es nichts mehr zu verbessern gibt und die Parteien sich entscheiden müssen, ob sie das Ergebnis, in das ja all ihre Vorschläge eingeflossen sind, akzeptieren oder nicht. Diese Methode kann bei zweiseitigen Verhandlungen sehr nützlich sein. Bei mehrseitigen Verhandlungen ist sie fast unentbehrlich!

<u>Methoden zur kreativen, entwerfenden Problemlösung nach de Bono (8):</u>

PMI-Methode

"PMI fordert den Denker auf, zuerst in die *Plus-Richtung* (alle positiven Aspekte) zu blicken. Dann in die *Minus-Richtung* (alle negativen Aspekte); und schließlich in die *Interessant-Richtung* (alle interessanten Gesichtspunkte, die einer Beachtung wert sind, die aber unter Umständen weder gut noch schlecht sind). Die Disziplin muß dabei gewahrt bleiben - eins nach dem andern! Nur so leistet der Denker gute Arbeit bei seiner Suche nach positiven, negativen und interessanten Aspekten, deren Ergebnis eine einfache Karte ist. Der Denker betrachtet nun seine Karte und trifft seine Entscheidung.

Zweck des PMI ist es, der natürlichen Neigung entgegenzuwirken, eine auf Emotion basierende Ansicht zu verfechten, wobei dann das Denken *nur zur Unterstützung* dieser Ansicht benutzt wird ..." (S. 44)

---

6) Ebd. S. 268.

7) Vgl. Roger Fisher & William Ury, Das Harvard-Modell. Sachgerecht verhandeln - erfolgreich verhandeln, Frankfurt a.M. - New York 1984, S. 162ff.

8) Ab hier nach Edward de Bono, Konflikte. Neue Lösungsmodelle und Strategien, Düsseldorf 1989.

ADI-Methode

"ADI: Das steht für *Agreement, Disagreement and Irrelevance,* d.h. Übereinstimmung, Uneinigkeit und Irrelevanz. Die Parteien beginnen die Anfertigung einer 'Karte', die Bereiche erfaßt, bei denen Übereinstimmung gegeben ist. Dann solche, wo tatsächlich Uneinigkeit besteht. Und dann solche Gebiete, die in dem Konflikt immer wieder auftauchen, die aber als irrelevant gewertet werden können. Es ist oft erstaunlich, wie klein die Gebiete der Uneinigkeit sein können, wenn erst einmal die 'Argumentationsmethode' gegen die 'kartographierende Methode' ausgewechselt worden ist." (S. 52)

EBS

"EBS: Das steht für *Examine Both Sides,* d.h.: Untersuche beide Seiten. Dies ist der traditionelle Rollentausch, bei dem jede Seite den Fall der anderen Seite - ehrlich und vollständig - darlegen muß." (S. 52)

OPV

"Das steht für *Other People's Views,* d.h. die Ansichten anderer. Dies ist eher ein Allzweckswerkzeug. Denksituationen beziehen für gewöhnlich viel mehr Parteien mit ein als nur die eine, die denkt. Die OPV-Übung besteht darin, diese anderen Parteien zu identifizieren und dann die Welt mit den Augen dieser Parteien zu betrachten. Diese Übung ist weniger detailliert als das EBS, bietet aber einen größeren Spielraum, da sie Parteien einschließt, die nicht an dem Disput beteiligt sind, wahrscheinlich aber von ihm betroffen werden."
(S. 52f)

Beliebiges Wort

Um die Phantasie für ungewöhnliche, neuartige Lösungen anzuregen, kann nach einem beliebigen Wort gefragt werden, das irgendeinem Gruppenmitglied spontan einfällt. Dieses Wort wird nun als Ausgangspunkt für ein Brainstorming genommen, um so zu neuen Lösungsideen zu gelangen.

Widersprüchliche Wünsche

"Ist eine Partei nur glücklich, wenn die andere unglücklich gemacht ist, dann ist das Problem des Widerspruchs gegeben. ... Kein von einer Partei vorgetragenes Anliegen darf mehr den Wunsch enthalten, die andere zur Strecke zu bringen. Es muß eine klare Äußerung von Wünschen geben, die als solche bestehen können. Wünsche und Bestrebungen erfordern eine positive

Form. ... Wenn es jedoch möglich ist, die widerstreitenden Ziele in positiver Form neu zu definieren, dann kann dies einen ausweglosen Konflikt zu einem lösbaren machen." (S. 119f)

Zusammenstoß von Wahrnehmungen

"Eine andere Möglichkeit, mit Wahrnehmungszusammenstößen umzugehen, wäre, zu schauen, ob man nicht auf den beiden Parteien gemeinsamen Elementen einen Entwurf aufbauen kann. Das bedeutet eine Konzentration eher auf die Bereiche der Übereinstimmung als auf die der Uneinigkeit (erinnert sei hier an das erwähnte Kartographierinstrument ADI, mit dem Bereiche der Übereinstimmung, der Uneinigkeit und des Belanglosen festgehalten werden)." (S.121)

Der zentrale Punkt des Konflikts

"Der zentrale Punkt eines Konflikts wird am heftigsten verteidigt, weil man ihn als das Herzstück ansieht. ...

Die Alternative liegt darin, sich um den zentralen Punkt des Konflikts nicht zu kümmern und sich statt dessen alles andere vorzunehmen. Es geschieht sehr häufig, daß am Ende dann der zentrale Punkt keine Unterstützung hat und ganz still und ohne jedes Aufheben aufgegeben werden kann." (S. 124)

Sich von hinten vorarbeiten

"Wir beginnen beim Ende und sehen dann zu, welche alternativen Umstände uns dahin gelangen lassen könnten. Dann ergründen wir, wie wir zu diesen Umständen gelangen könnten." (S. 124)

Großer Nachteil: "Wo ist der Endpunkt? Bei einem kreativen Entwurf *wissen wir noch nicht,* welches der Endpunkt sein könnte. Wenn wir meinen, das zu wissen, dann ist das Ergebnis schlicht eine Routinelösung." (S. 125)

Veränderung der Umstände

"Wenn sich die Umstände verändern, könnte sich die gesamte darin gefangene Psychologie ebenfalls ändern." (S. 126)

Tabus, Annahmen

Nichts soll aus den Entwurfserwägungen ausgeschlossen werden. "Für das Entwerfen ist wesentlich, daß man sich immer in die Grenzen zurückarbeitet, anstatt von Beginn an nur *innerhalb* von Grenzen zu arbeiten." (S. 128)

Übergangsschritte

"Die Übergangsschritte können für die Planungsaufgabe der wesentlichste Teil sein, denn es sind dies die Schritte, die die Kontinuität von Augenblick zu Augenblick durchbrechen.

Es ist sehr wichtig, daß der erste Schritt keinen negativen Gesichtspunkt aufweist. Vielmehr ist es äußerst wertvoll, wenn der erste Schritt einen positiven Anreiz bietet." (S. 146)

Zeit als Maßstab

"Wenn bei einer Konfliktsituation verschiedene Parteien unterschiedliches Vertrauen in die Zukunft haben, wird es möglich sein, der einen Partei zukünftige Werte im Austausch gegen augenblickliche Werte der anderen Partei anzubieten." (S. 157)

Vorbehaltsklauseln

"Es kann ebenso unrealistisch wie viel zu kostspielig sein, zur Zeit der Planung eines Konfliktergebnisses alle möglichen Befürchtungen zu zerstreuen. Vorbehaltsklauseln können da von großem Wert sein.

Es gibt noch eine andere Art solcher Vorbehaltsklauseln; wenn nämlich festgehalten wird, daß Vergünstigungen gewährt werden, sobald die zu erbringende Leistung einen bestimmten Stand erreicht hat." (S. 157)

Kontaktadressen

MEDIATION e.V.
Rosenanger 20, 31595 Steyerberg, Tel. 05764-2357 / Fax 05764-2578
(Information, Rundbrief, Koordination)

Bund für Soziale Verteidigung - Arbeitsgruppe Mediation
Postfach 2110, 32378 Minden, Tel. 0571-29456 / Fax 0571-23019
(Politische Mediation, Seminare)

Traude Rebmann
Brunnenstr. 16, 73760 Ostfildern, Tel. & Fax 07158-60243
(Seminare, Mediation)

Streit-light-Schule für Verständigung und Mediation
Ginsterweg 3, 31595 Steyerberg, Tel. 05764-1206 / Fax 05764-2578
(Mediation, Kurse/Fortbildung)

Werkstatt für Gewaltfreie Aktion, Baden
Christoph Besemer, Am Dorfbach 11, 79111 Freiburg, Tel. 0761-43284
(Seminare)

KOMET - Konfliktberatung, Mediation, Training
Mechtild Eisfeld, Thuner Weg 8, 79108 Freiburg, Tel. 0761-57968
Christoph Besemer, Tel. 0761-43284
(Konfliktberatung, Mediation, Trainings)

PERSPEKTIVEN e.V.
Böttcherei 212, 28844 Weyhe, Tel. 0421-8093860
(Konfliktberatung, Mediation, Trainings)

Fachstelle für Konfliktaustragung und Mediation
c/o ORL, Paul Russmann, Sophienstr. 19, 70178 Stuttgart, Tel. 0711-608396
(Seminare, Mediation)

Projekt Zaunkönig
Tilman Metzger, Westpreußenstr. 23, 21391 Reppenstedt, Tel. 04131-682002
(Mediation in Nachbarschaftskonflikten)

Institut für Konfliktmanagement und Mediation
Angela Mickley, Sven-Hedin-Str. 60, 14163 Berlin, Tel. 030-8013517
(Mediation an Schulen, Fortbildung)

Institut für Konfliktberatung und Mediation (IKOM)
Dagmar Schramm, Kettenhofweg 77, 60325 Frankfurt, Tel. 069-174410
Heidrun Gerwens-Henke, Schloßstr. 47, 53115 Bonn, Tel. 0228-222116
(Fortbildung in Trennungs- und Scheidungs-Mediation)

EIDOS Projekt Mediation
Dr. Gisela Mähler und Dr. Hans-Georg Mähler
Südliche Auffahrtsallee 29, 80639 München, Tel. 089-1782069
(Trennungs- und Scheidungs-Mediation, Fortbildung)

Heidelberger Institut für Mediation
Prof. Dr. Bastine, RA Ripke
Mönchhofstr. 11, 69120 Heidelberg, Tel. & Fax 06221-473406
(Trennungs- und Scheidungs-Mediation)

Bundesarbeitsgemeinschaft für Familien-Mediation
Ingolf Schulz, Rathausplatz 22, 22926 Ahrensburg, Tel. 04102-53500
(Fachverband)

Institut für Mediation und Scheidungsberatung (IMS)
Schulstr. 30, 85586 Poing bei München, Tel. 08121-73553 / Fax 08121-8408
(Fortbildung in Trennungs- und Scheidungs-Mediation)

Servicebüro für Täter-Opfer-Ausgleich und Konfliktschlichtung
Mirbachstr. 2, 53173 Bonn, Tel. 0228-359724 / Fax 0228-361617
(Täter-Opfer-Ausgleich, Fortbildung)

Reinhard Sellnow
Kobergerstr. 56, 90408 Nürnberg, Tel. & Fax 0911-357761
(Mediation in der Kommunalpolitik und in Umweltkonflikten)

MEDIATOR - Zentrum für Umweltkonfliktforschung und -management GmbH
an der Universität Oldenburg
Postfach 2503, 26111 Oldenburg, Tel. 0441-7780662 / Fax 0441-7780663
(Forschung und Mediation in Umweltkonflikten)

MEDIATION GmbH Berlin
Kantstr. 57, 10672 Berlin, Tel. 030-3232598 / Fax 030-3232342
(Mediation in Umweltkonflikten)

Wissenschaftszentrum Berlin
Reichpietschufer 50, 10785 Berlin, Tel. 030-354010
(Forschung Mediation in Umweltkonflikten)

Hessische Stiftung für Friedens- und Konfliktforschung (HSFK)
Thania Paffenholz + Rexane Dedashti
Leimenrode 29, 60322 Frankfurt a.M., Tel. 069-9591043-30
(Mediation in Bürger-/Kriegen)

Berghof Forschungszentrum für konstruktive Konfliktbearbeitung
Altensteinstr. 48a, 14195 Berlin, Tel. 030-8318090 / Fax 030-8315985
(Interkulturelle Mediation, internationale Mediation)

Literatur

Administrative Conference of the US, Sourcebook: Federal Agency Use of Alternative Means of Dispute Resolution, Washington 1987.

Administrative Conference of the US, Negotiated Rulemaking Sourcebook, Washington 1990.

Jennifer E. Beer / Friends Conflict Resolution Programs, Peacemaking in Your Neighborhood. Mediator's Handbook, Fourth revision, Philadelphia 1990.

Richard B. Bilder, International Third-Party Dispute Settlement, in: W. Scott Thompson , Kenneth M. Jensen (ed.), Approaches to Peace. An Intellectual Map, Washington 1991, S. 191-226.

Adam Curle, In the Middle. Non-Official Mediation in Violent Situations, Berg Publishers, Leamington Spa - Hamburg - New York 1986.

Joseph Fahey & Richard Armstrong (Eds.), A Peace Reader, Paulist Press, New York 1987.

Nic Fine & Fiona Macbeth, Playing with Fire. Training for the creative use of conflict, Leicester/London 1992.

Roger Fisher & William Ury & Bruce Patton, Getting to Yes. Negotiating agreement without giving in. 2nd ed. with answers to ten questions people ask, Penguin Books, New York 1991.

Jay Folberg & Alison Taylor, Mediation. A Comprehensive Guide to Resolving Conflicts without Litigation, Jossey-Bass Publishers, San Francisco - Oxford 1984.

Journal of Peace Research, vol. 28, no.1, February 1991, Special Issue on International Mediation.

Kingston Friends Workshop Group, Introduction to Mediation, Kingston upon Thames 1991.

Mediation Training Institute, Conflict Transformation: A vision and skills for peacemaking and conflict resolution in our daily lives (Mediation Training Manual), Mennonite Conciliation Service, Akron, PA (USA) 1988.

Chris Mitchell, Mediation, in: P. Smoker, R. Davies, B. Munske (eds.), A Reader in Peace Studies, Pergamon Press, Oxford 1990, S. 26-32.

Christopher R. Mitchell, The Structure of International Conflict, The Macmillan Press LTD, London 1981.

Christopher W. Moore, The Mediation Process. Practical Strategies for Resolving Conflict, Jossey-Bass Publishers, San Francisco 1986.

Negotiation Journal (USA), October 1987.

Negotiation Journal (USA), April 1988.

Negotiation Journal (USA), July 1988.

Lawrence Susskind & Jeffrey Cruikshank, Breaking the Impasse. Consensual Approaches to Resolving Disputes, Basic Books, New York 1987.

Danaan Parry, Warriors of the Heart, Sunstone Publishers, Cooperstown 1991.

Paul Wahrhaftig, On Importing the "American" Conflict Resolution Model, Tagungsbeitrag zum europäischen Mediations Treffen in Antalya (Türkei), April 1992.

World Encyclopedia of Peace, Vol. I, ed. Linus Pauling, Ervin Laszlo, Jong Y. Yoo, Pergamon Press, Oxford 1986: Michael Banks, "Mediation", S. 589-592.

•_•

Eric Bachman & Traude Rebmann & Christine Schweitzer, Der Bund für Soziale Verteidigung engagiert sich, in: Bund für Soziale Verteidigung (Hg.), Gewaltfrei in Krisen intervenieren, Minden 1992, S. 15-19.

Renate Börger & Susanne Poelchau, Es muß nicht vor dem Kadi enden: Mediation - Konstruktiv mit Konflikten umgehen, "Notizbuch" am 17.12.1991, Bayerischer Rundfunk - Familienfunk.

Eduard De Bono, Konflikte: Neue Lösungsmodelle und Strategien, Econ TB Verlag, Düsseldorf 1989.

James L. Creighton, Schlag nicht die Türe zu! Konflikte aushalten lernen, Reinbek 1992.

Familiendynamik (Schwerpunkt "Familien-Mediation"), Klett-Cotta Stuttgart, Heft 4, Oktober 1992.

Gerhard Fatzer (Hg.), Supervision und Beratung. Ein Handbuch, Köln 1990.

Hans-Joachim Fietkau, Mediationsverfahren im Umweltschutz - Psychologische Ansätze für Forschung und Praxis, Wissenschaftszentrum Berlin 1991.

Hans-Joachim Fietkau & Helmut Weidner, Mediationsverfahren in der Umweltpolitik. Erfahrungen in der Bundesrepublik Deutschland, in: Aus Politik und Zeitgeschichte, B 39-40/92, 18. September 1992, S. 24-34.

Roger Fisher & William Ury, Das Harvard-Modell. Sachgerecht verhandeln - erfolgreich verhandeln, Campus Verlag, Frankfurt a.M. - New York 1984.

Friedrich Glasl, Konfliktmanagement, Verlag Haupt, Bern 1990.

Thomas Gordon, Familienkonferenz. Die Lösung von Konflikten zwischen Eltern und Kind, München 1989.

Helga Häsing-Levend, Jeder will Opfer, keiner Täter sein. Kritische Anmerkungen zu Mediation und zum gemeinsamen Sorgerecht, in: sozialmagazin, Juventa Verlag, Heft 11, November 1992, S. 14-18.

Heiner Krabbe (Hg.), Scheidung ohne Richter. Neue Lösungen für Trennungskonflikte, Reinbek 1991.

Ursula Kronenberger, In Frieden geschieden, in: Eltern, Oktober 1992, S. 209-212.

Ursula Mehlan, Neue Wege der Konfliktlösung bei Scheidung. Theorie und Praxis der Mediation, Diplomarbeit an der Universität Bielefeld (Psychologie), Mai 1991.

Traude Rebmann, Mediation, in: Friedensforum 6/1990, S. 37-38.

Lutz Schwäbisch & Martin Siems, Anleitung zum sozialen Lernen für Paare, Gruppen und Erzieher. Kommunikations- und Verhaltenstraining, Reinbek 1974.

Dieter Senghaas, Friedensprojekt Europa, Frankfurt a.M. 1992.

Christoph Thomann & Friedemann Schulz von Thun, Klärungshilfe. Handbuch für Therapeuten, Gesprächshelfer und Moderatoren in schwierigen Gesprächen, Reinbek 1988.

Cornelia Werner-Schneider, Mediation im Spannungsfeld zwischen Kindeswohl und Emanzipation der Frauen, in: sozialmagazin, Juventa Verlag, Heft 11, November 1992, S. 18-21.

Horst Zilleßen, Alternative Dispute Resolution - Ein neuer Verfahrensansatz zur Optimierung politischer Entscheidungen - Lokale Konfliktregelung durch kooperative Verhandlung und Vermittlung (Mediation), in: Stiftung Mitarbeit (Hg.), Demokratie vor Ort. Modelle und Wege der lokalen Bürgerbeteiligung, Beiträge zur Demokratieentwicklung von unten, Band 2, Bonn 1991, S. 126-146.

Horst Zilleßen & Thomas Barbian, Neue Formen der Konfliktregelung in der Umweltpolitik, in: Aus Politik und Zeitgeschichte, B 39-40/92, 18. September 1992, S. 14-23.

Werkstatt für Gewaltfreie Aktion, Konsens - Anleitung zur herrschaftsfreien Entscheidungsfindung, Freiburg 1991 (2. Aufl.).

Wissenschaftszentrum Berlin - Mitteilungen 53, September 1991: Mediation in der Umweltpolitik (S. 5-8).

Hinweis: Die meisten der angegebenen englischsprachigen Titel befinden sich in der Bibliothek der "Stiftung Gewaltfreies Leben" und können dort ausgeliehen werden. (Tannenweg 6, 78126 Königsfeld, Tel. 07725-3461)

werkstatt für gewaltfreie aktion, baden

Die *Werkstatt für Gewaltfreie Aktion* ist eine handlungsorientierte friedenspädagogische Einrichtung, die seit 1984 vorwiegend im Bereich Baden arbeitet. Zur Zeit gehören zwei hauptamtliche und ca. zehn ehrenamtliche MitarbeiterInnen zum aktiven Kern des Projekts. Darüber hinaus gibt es den gemeinnützigen Trägerverein *Gewaltfrei Leben Lernen*, der die Arbeit der *Werkstatt* inhaltlich begleitet und finanziell trägt.

Ziel der *Werkstatt* ist es, Gewalt in all ihren Erscheinungsformen aufzudecken, bewußtzumachen und abzubauen und ihr das Prinzip der Gewaltfreiheit entgegenzusetzen. Dazu soll sowohl der persönliche Lebensstil als auch die politische Kultur in Richtung auf eine gewaltfreie, herrschaftslose und nicht-patriarchale Gesellschaft verändert werden.

Durch Seminare, Veranstaltungen und Trainings u.a. in gewaltfreier Aktion und konstruktiver Konfliktaustragung sowie durch Publikation von Broschüren und anderen Schriften sollen Gruppen und Einzelpersonen befähigt werden, diesem Ziel näherzukommen.
Auf Anfrage werden auch Seminare mit festen Gruppen durchgeführt.

Weitere Informationen sind erhältlich bei der

Geschäftsstelle der *Werkstatt für Gewaltfreie Aktion*
Renate Wanie, Römerstr. 32, 69115 Heidelberg, Tel. 06221-161978

Broschüren der *Werkstatt für Gewaltfreie Aktion*:

41 S., Din A-4, 6 DM plus Porto
(ab 10 Expl. je 4,50 DM)
ISBN 3-930010-00-3

68 S., Din A-4, 8 DM plus Porto
(ab 10 Expl. je 6 DM) Neuauflage
ISBN 3-930010-01-1

88 S., Din A-4, 9 DM plus Porto
(ab 10 Expl. je 7 DM) Neu!
ISBN 3-930010-03-8

Die Broschüren sind erhältlich bei:
PAZIFIX, Alberichstr. 9, 76185 Karlsruhe, Tel. 0721-552270 - Fax 0721-558622

STIFTUNG GEWALTFREIES LEBEN

Wer sind wir?

Die STIFTUNG GEWALTFREIES LEBEN wurde im Jahr 1989 gegründet. Sie hat ihren Sitz in Königsfeld im Schwarzwald.

Die STIFTUNG ist eine gemeinnützige, private, unabhängige und überparteilichen Einrichtung, die dazu beitragen möchte, daß die Erde für Menschen bewohnbar bleibt.

Anlaß für die Gründung war die Sorge um die Zukunft der Menschheit. Tausende von Jahren lebte der Mensch mit der Natur, ohne daß er sie in einem Ausmaß veränderte, daß das Überleben als Ganzes beinträchtigt worden wäre. Dies hat sich in der Neuzeit geändert. Heute ist das Überleben der Menschheit und der Erde bedroht: kurzfristig durch die Explosion von Atombomben und langfristig durch die Zerstörung unserer natürlichen Lebensgrundlagen wie durch Vergiftung von Erde, Wasser und Luft, durch Zerstörung der schützenden Ozonschicht, durch den Treibhauseffekt, durch Vernichtung und Sterben der Wälder.

Was wollen wir?

Die Mitarbeiter, Freunde und Förderer der STIFTUNG GEWALTFREIES LEBEN sind der Meinung, daß jede und jeder einzelne zur Lösung dieser Menschheitsprobleme beitragen kann und muß, soll das Überleben gelingen. Das Bewußtsein dafür zu fördern, ist Zweck der STIFTUNG, insbesondere durch

1. Erforschung und Förderung der menschlichen Handlungen, die eine weitere Bewohnbarkeit des Erdballs ermöglichen und sichern: "Kreisfähiges Handeln". Kreisfähige Handlungen sind solche, deren Ausgangssituation sich während eines Menschenlebens von alleine wieder einstellt oder wiederherstellen läßt.

2. Erforschung und Förderung der Voraussetzungen für ein gewaltfreies Leben. Es muß zur Überzeugung aller Menschen werden, daß Gewalt kein Mittel zur Durchsetzung eigener Ziele sein kann, weder in den zwischenmenschlichen noch in den internationalen Beziehungen. Selbst ein "begrenzter" Atomkrieg könnte das Ende alles Lebens zur Folge haben. Zur Lösung von Konflikten müssen daher Mittel entwickelt, erprobt, gelehrt und angewandt werden, die frei von Gewalt sind.

3. Stärkung eines globalen Verantwortungsbewußtseins der Menschen. Ereignisse wie die Ausbreitung von Radioaktivität nach Atomkraftwerksunfällen oder die Folgen der Waldvernichtung für das Weltklima zeigen, daß die Erde ein einziges, empfindliches System ist. Es wird nur eine gemeinsame Zukunft geben oder keine. Wir dürfen uns nicht in unserem Haus, Land oder Kontinent wie in einer Festung einigeln, um unseren Besitzstand zu verteidigen, gleichgültig gegenüber dem Schicksal von Mitmenschheit und Mitschöpfung. In dieser globalen Vernatwortung müssen wir handeln.

Wie wollen wir das erreichen?

Die STIFTUNG GEWALTFREIES LEBEN möchte diese Ziele erreichen durch

- Forschungsarbeiten, Veröffentlichungen, Schulungen und Tagungen
- Unterstützung von Menschen, die durch ihr gewaltfreies Leben Nachteile erleiden
- Errichtung und Unterhaltung von Gedenkstätten für Menschen, die Vorbilder für ein gewaltfreies Leben sein können
- Unterstützung von Projekten, die den genannten Zwecken dienen

Die Arbeit der STIFTUNG wird aus Stiftungsmitteln und aus Spenden bestritten. Eingehende Spenden werden ohne jeden Abzug für die geförderten Projekte eingesetzt, da die STIFTUNG alle Verwaltungskosten aus eigenen Mitteln trägt.

1.12.93

Stiftungssitz:
78126 Königsfeld-Burgberg
Tannenweg 6

Tel./Fax:
07725/3464

Spendenkonto:
Nr. 85218
Sparkasse Villingen-Schwenningen
BLZ 694 500 65